经济管理国家级实验教学示范中心（嘉兴学院）

国家特色专业　浙江省新兴特色专业

会计学专业模拟实验系列教材

总主编 潘煜双

税务会计
模拟实验教程

杨火青　邵　露　李梦漪／编著

立信会计出版社

LIXIN ACCOUNTING PUBLISHING HOUSE

图书在版编目(CIP)数据

税务会计模拟实验教程 / 杨火青,邵露,李梦漪编著.
—上海：立信会计出版社，2018.12
ISBN 978 - 7 - 5429 - 6001 - 6

Ⅰ.①税…　Ⅱ.①杨…②邵…③李…　Ⅲ.①税务会
计—教材　Ⅳ.①F810.62

中国版本图书馆 CIP 数据核字(2018)第 274530 号

策划编辑　　　余　榕
责任编辑　　　余　榕

税务会计模拟实验教程

Shuiwu Kuaiji Moni Shiyan Jiaocheng

出版发行	立信会计出版社

地　　址	上海市中山西路 2230 号	邮政编码	200235
电　　话	(021)64411389	传　　真	(021)64411325
网　　址	www.lixinaph.com	电子邮箱	lxaph@sh163.net
网上书店	www.shlx.net	电　　话	(021)64411071
经　　销	各地新华书店		

印　　刷	上海万卷印刷股份有限公司	
开　　本	787 毫米×1092 毫米	1/16
印　　张	11.5	
字　　数	284 千字	
版　　次	2018 年 12 月第 1 版	
印　　次	2018 年 12 月第 1 次	
印　　数	1—3100	
书　　号	ISBN 978 - 7 - 5429 - 6001 - 6/F	
定　　价	35.00 元	

如有印订差错,请与本社联系调换

总　　序

　　20 世纪 90 年代中后期以来,随着我国社会主义市场经济的快速发展,与之相关联的会计专业人才的市场需求不断扩大,各高校会计学专业招生人数也不断扩大。但是,与之俱来的问题是会计人才的动手能力还不能满足企事业单位的要求。会计学专业是实践性很强的专业,特别是地方高校的会计学专业毕业生就业面向实务,用人单位希望毕业生有比较强的动手能力。然而,现在与过去相比,面临的难题是,过去学生学习由学校通过企业或行业主管部门统一安排,接收毕业生的实习是企业的一项任务,实习单位无论在规模上或层次上都能满足实践教学的需求。但是,现在的毕业生实习都是松散型的,学校也不可能像以前那样将学生统一安排到固定的企业实习。在此背景下,各高校开始自己建立实验室,自编实验教材,安排学生进行会计模拟实验。嘉兴学院的这套"会计学专业模拟实验系列教材"先在校内经过多轮的试用,体系和内容已较成熟,后自 2006 年开始在立信会计出版社陆续出版。迄今为止,已出版的教材有《初级会计学模拟实验教程》《中级财务会计学模拟实验教程》《成本会计学模拟实验教程》和《会计综合模拟实验教程》4 本,《会计信息系统模拟实验教程》和《税务会计模拟实验教程》也将于近期出版。至此,这套"会计学专业模拟实验系列教材"的体系更加完整,内容更加全面,涵盖了会计学专业的核心课程。其中,《初级会计学模拟实验教程》荣获"华东地区大学出版社第八届优秀教材学术专著二等奖",有关实践教学课题的研究有 3 项课题获得学校教学成果一等奖。

　　本套教材总体架构是按照嘉兴学院商学院院长、国家特色专业(会计学)建设点负责人潘煜双教授提出的"点""线""面"实践教学法的要求设计的。"点"是针对具体课程的具体教学内容开展单项实验,帮助学生理解概念和消化课堂内容,掌握专项技能。"线"是针对某一课程的内容进行系统的综合实验,培养学生独立处理会计业务的能力。"面"是专业的综合训练,具体包括:①专业综合实验,以一个特定企业为例,选择设计 1 个月的业务,要求学生独立完成一个会计循环的全部会计工作,培养学生的会计政策选择、职业判断等综合业务能力。②ERP 实训,全面提高会计管理能力及沟通、协作能力。③专业实习、毕业实习,提高学生的观察能力、适应能力及分析、解决问题的能力。④学年论文、毕业论文的撰写,提高学生理论水平及专业研究能力。⑤学科竞赛,财会信息化竞赛、挑战杯创业设计大赛、大学生研究训练计划(SRT)等,提高学生对知识的融会贯通及应用能力,全面提高学生的综合素质。

近年来,本套教材历经多次改版和重印,说明其深受读者的欢迎,本次的修订和补充广泛吸纳相关用书单位的意见,特别是使用本套教材的专业老师的意见,并结合现行的企业会计准则、制度等对原有内容进行了修改和完善;将原有章节安排的教学内容改为以实验项目设计的教学内容,更进一步突出实践教学的特点和"点、线、面"实验教学法的要求;增设必做实验项目和选做实验项目,以适应不同专业、不同层次的需要。通过本次的修订和补充,旨在使本套教材的特点更加明显。

按照"点、线、面"教学法设计的本套教材的框架科学合理,符合实践认知规律。"点"的实践教学主要是训练学生应用某一点或某一会计基本理论和基本知识的能力,培养某一专项基本技能;"线"的实践教学主要是训练学生综合应用某一课程所涉及的基本理论和基本知识的能力,培养该课程要求达到的综合应用能力和基本技能;"面"的实践教学主要是训练学生对知识的融会贯通,培养学生的会计政策选择、职业判断等综合业务能力,以实现专业培养目标的要求。本套教材实验资料真实,具有高度仿真性。实验所用资料是企业实际发生的经济业务,实验所用的各种账册、发票、票据、结算凭证等与实际工作完全相同。学生按照会计工作岗位进行模拟情境实验就如同在企业进行会计处理,真实感较强。

本套教材还体现了专业实验教学不断线的特点。对于"会计学原理""中级财务会计""成本会计""电算化会计""税务会计"等课程均配有一定的实验课时,并在课程实验基础上,设计了系统的实验课程——"会计综合实验"。

本套教材还配有与实验相关的附录,如《初级会计学模拟实验教程》《中级财务会计模拟实验教程》《成本会计学模拟实验教程》《税务会计模拟实验教程》和《会计综合模拟实验教程》均配有"实验教学项目卡""实验中学生常见问题的解答""实验评分标准""实验结果验收记录表""实验过程控制记录表""实验报告格式及写作要求"和"实验思考题"等,便于老师指导和学生自学。

本套教材适用于高等院校会计学、财务管理、审计等专业,其他经管类专业也可以根据需要选用本套教材内的相关实验教材。

编   者

2018 年 12 月

前　　言

嘉兴学院南湖学院会计学专业自从成功申报浙江省"十二五"普通本科高校新兴特色专业建设项目以来,结合2014版会计人才培养方案,将税务会计作为重点建设方向,在原来校本教材《税务会计课程实验指导书》的基础上,根据"营改增"税收制度改革要求,并充分吸纳热心实务专家的建议和数年来使用校本教材的专业教师的教学反馈,编写并完成了本书,为及时调整和适应国家税收政策的变化和税收制度的进一步改革,本书根据《国务院关于废止〈中华人民共和国营业税暂行条例〉和修改〈中华人民共和国增值税暂行条例〉的决定》(中华人民共和国国务院令第691号)《财政部　税务总局关于简并增值税税率有关政策的通知》(财税〔2017〕37号)《财政部　税务总局关于调整增值税税率的通知》(财税〔2018〕32号)等有关税收政策的调整文件对有关增值税案例和相关增值税申报表进行修改;根据企业所得税有关税收政策的调整对企业所得税案例进行了调整。本书还在实验项目设计和实验内容上进行了较大的调整,以更好地满足会计学专业"税务会计模拟实验"课程集中实践教学环节的需要,不断提高学生的税务会计实践能力,满足企业对会计人员的税务处理的要求。

本书的编写主要围绕专业特色建设的重点建设方向,进一步完善了该课程实验体系,主要从以下几个方面进行了建设:

(1) 在实验项目设计方面,根据目前学生就业方向面向各行各业,无论何种类型的企业都会涉及增值税问题,但各企业的具体情况又不完全相同,所以本书在设计增值税会计实验项目时,除生产企业增值税会计实验子项目外,增加了建筑企业、房地产企业增值税会计实验两个子项目,以体现这两个行业增值税会计核算与纳税申报特点。另外,本书还增加了企业所得税月(季)度预缴申报表编制的实验项目,完善了消费税会计实验项目和土地增值税会计实验项目。

(2) 在实验内容设计方面本书增加了建筑企业、房地产企业增值税会计实验内容和土地增值税会计等实验内容;对现有的生产企业增值税会计实验和企业所得税会计实验等实验项目内容的设计,根据现行的税务政策和申报要求也作了调整,特别是企业所得税的纳税调整和税收优惠政策方面得到了较好体现;在各类税款申报类型的设计上,依据现行税款申报制度的要求,并结合学生学习情况,对学生提出了更高的要求,既要掌握一般企业税款核算与纳税申报方法,又要掌握特殊行业的税款核算与申报方法。

(3)在实验考核设计方面,为提高学生的实验效果,加强考核,本书在附录中增加了税务会计实验中学生常见问题的解答,供学生在实验中作参考;为规范实验教学,加强实验过程控制和实验成绩考核,本书还配备实验大纲、实验评分标准、实验教学项目卡、实验过程控制记录表、实验结果验收记录表、实验报告格式及写作要求等内容,以更适合师生在教学、实验中使用。

本书总共包括4个实验项目:实验项目1为增值税会计实验(包含生产企业增值税会计实验、建筑企业增值税会计实验和房地产企业增值税会计实验3个子项目),实验项目2为消费税会计实验(包含化妆品生产企业消费税会计实验和酒类生产企业消费税会计实验2个子项目),实验项目3为企业所得税会计实验[包含企业所得税月(季)度预缴申报表编制会计实验和企业所得税年度申报表编制会计实验两个子项目],实验项目4其他税会计实验(包含土地增值税会计实验与城市维护建设税、教育费附加、房产税、城镇土地使用税、印花税和耕地占用税会计实验2个子项目)。

本书由杨火青、邵露、李梦漪共同编著。具体编写分工如下:实验项目1-2、1-3、3-1、3-2由杨火青编写;实验项目1-1、2-1、4-1、4-2由邵露编写;实验项目2-2由李梦漪编写。全书由杨火青老师负责提纲的拟订和总纂。

本书可供高等院校会计学、财务管理、税务等相关专业的学生作为教材或参考书使用,也可供企、事业单位从事税务、会计等工作的人员在实际工作中作为参考书使用。

本书在出版过程中,得到了立信会计出版社的大力支持和帮助,在此表示衷心感谢;同时,也向参与本书编审的其他人员致以诚挚谢意。由于时间仓促,加之作者水平有限,不当之处在所难免,恳请读者批评指正,以便再版时补充提高。

编　　者

2018 年 12 月

目 录

实验大纲 ……………………………………………………………………………………………… 1

实验课时分配表 ……………………………………………………………………………………… 3

实验项目 1　增值税会计实验 …………………………………………………………………… 4

实验项目 1-1　生产企业增值税会计实验 ……………………………………………………… 4

实验项目 1-2　建筑企业增值税会计实验 ……………………………………………………… 36

实验项目 1-3　房地产开发企业增值税会计实验 ……………………………………………… 49

实验项目 2　消费税会计实验 …………………………………………………………………… 58

实验项目 2-1　化妆品生产企业消费税会计实验 ……………………………………………… 58

实验项目 2-2　酒类生产企业消费税会计实验 ………………………………………………… 67

实验项目 3　企业所得税会计实验 ……………………………………………………………… 73

实验项目 3-1　企业所得税月(季)度预缴申报表编制会计实验 …………………………… 73

实验项目 3-2　企业所得税年度申报表编制会计实验 ………………………………………… 103

实验项目 4　其他税会计实验 …………………………………………………………………… 132

实验项目 4-1　土地增值税会计实验 …………………………………………………………… 132

实验项目 4-2　城市维护建设税、教育费附加、房产税、城镇土地使用税、印花税和

耕地占用税会计实验 …………………………………………………………… 133

附录 1　实验教学项目卡 ………………………………………………………………………… 158

附录 2　实验中学生常见问题的解答 …………………………………………………………… 160

附录 3　实验评分标准 …………………………………………………………………………… 166

附录 4　实验结果验收记录表 …………………………………………………………………… 168

附录 5　实验过程控制记录表 …………………………………………………………………… 169

附录 6　实验报告格式及写作要求 ……………………………………………………………… 170

附录 7　实验思考题 ……………………………………………………………………………… 175

实 验 大 纲

一、总则

1. 适用范围

(1) 相关课程名称及课程属性：税务会计，属会计专业选修课程。

(2) 适用的专业：会计学、财务管理、税务会计等专业。

(3) 实验总时数：32 学时。

(4) 学分：1 学分。

2. 实验目的和要求

通过本实验的教学和实操，学生能掌握企业生产经营过程中具体涉税业务的处理，熟练运用税收和会计知识进行涉税业务的确认、计量、申报和账务处理，初步形成涉税业务的会计职业判断能力。

3. 实验课程的重点内容

(1) 增值税会计实验。

(2) 企业所得税会计实验。

4. 实验方式与基本要求

(1) 实验方式：采用手工实验方式。

(2) 基本要求：在实验指导教师的指导下，每个学生独立完成各实验项目；每个实验项目完成后撰写一份实验报告；全部实验项目完成后撰写一份综合实验报告。

5. 实验报告与考核

实验结束时学生提交一份不少于 3 000 字的综合实验报告，并将所有的会计实验资料进行分类并装订成册，连同实验报告一并交实验指导老师。指导老师对每个学生的实验成果进行提问、验收，并按照评分标准确定该课程成绩。

6. 实验设备及器材材料配置

配备实验指导老师用电脑和投影设备；为每一个学生配置一张实验桌；配备满足实验所需的相关的会计凭证、账簿、报表和胶水、装订线等；配置装订凭证的设备。

二、实验项目及学时安排

1. 实验项目 1：增值税会计实验

(1) 实验类型：综合性实验。

(2) 实验开设属性：必做。

(3) 学时数：12 学时。

(4) 实验目的：培养学生增值税业务的处理技能。

(5) 实验主要内容：根据增值税业务计算进项税额、销项税额和应纳税额，开具增值税发票，编制增值税纳税申报表，编制记账凭证，登记增值税明细账。

2. 实验项目 2：消费税会计实验

(1) 实验类型：综合性实验。

(2) 实验开设属性：必做。

(3) 学时数：4 学时。

(4) 实验目的：培养学生消费税业务的处理技能。

(5) 实验主要内容：根据消费税业务计算应纳税额，编制消费税纳税申报表；编制记账凭证。

3. 实验项目 3：企业所得税会计实验

(1) 实验类型：综合性实验。

(2) 实验开设属性：必做。

(3) 学时数：10 学时。

(4) 实验目的：培养学生所得税业务的处理技能。

(5) 实验主要内容：根据所得税业务进行纳税调整、计算应纳税额，编制预缴企业所得税纳税申报表和年度纳税申报表；编制记账凭证。

4. 实验项目 4：其他税会计实验

(1) 实验类型：综合性实验。

(2) 实验开设属性：必做。

(3) 学时数：6 学时。

(4) 实验目的：培养学生其他税业务的处理技能。

(5) 实验主要内容：根据其他税业务计算应纳税额，编制纳税申报表，编制记账凭证。

每个实验项目的时间安排如《实验课时分配表》所示，各学校可视学校的实验时间作适当调整。

实验课时分配表

序号	实验项目名称	实验内容（子目）	每组人数	项目学时	项目类型	必做/选做	开设地点
1	**实验项目 1 增值税会计实验**		**1**	**12**	**综合**	**必做**	**会计实验室或教室**
2	实验项目 1-1	生产企业增值税会计实验	1	6	综合	必做	会计实验室或教室
3	实验项目 1-2	建筑企业增值税会计实验	1	3	综合	必做	会计实验室或教室
4	实验项目 1-3	房地产企业增值税会计实验	1	3	综合	必做	会计实验室或教室
5	**实验项目 2 消费税会计实验**		**1**	**4**	**综合**	**必做**	**会计实验室或教室**
6	实验项目 2-1	化妆品生产企业消费税会计实验	1	2	综合	必做	会计实验室或教室
7	实验项目 2-2	酒类生产企业消费税会计实验	1	2	综合	必做	会计实验室或教室
8	**实验项目 3 企业所得税会计实验**		**1**	**10**	**综合**	**必做**	**会计实验室或教室**
9	实验项目 3-1	企业所得税月（季）度预缴申报表编制会计实验	1	2	综合	必做	会计实验室或教室
10	实验项目 3-2	企业所得税年度申报表编制会计实验	1	8	综合	必做	会计实验室或教室
11	**实验项目 4 其他税会计实验**		**1**	**6**	**综合**	**必做**	**会计实验室或教室**
12	实验项目 4-1	土地增值税会计实验	1	2	综合	必做	会计实验室或教室
13	实验项目 4-2	城市维护建设税、教育费附加、房产税、城镇土地使用税、印花税和耕地占用税会计实验	1	4	综合	必做	会计实验室或教室

执笔人：　　　　　　　　　　　　　　　　　　　　　　审核人：

参与讨论人员：　　　　　　　　　　　　　　　　　　　年　月　日

实验项目 1　增值税会计实验

实验项目 1-1　生产企业增值税会计实验

一、实验目的

通过生产企业增值税会计实验,学生应掌握增值税会计的一般税务及会计处理方法,具体包括增值税进项税额和销项税额的计算、增值税的申报和缴纳、增值税的会计处理。

二、实验资料

1. 嘉兴市迷你食品加工股份有限公司为增值税一般纳税人,增值税税率为 16%,纳税人识别号为 91330411750236512E,注册地址为嘉兴经济开发区塘井路 125 号,法定代表人为高丰,开户银行为工商银行开发区支行,账号为 3302000036489854321。

2. 2018 年 4 月,该公司申报增值税纳税申报表,其中,期末留抵税额为 0.3 万元,应税货物销售额本年累计 230 万元,进项税额本年累计 38.8 万元、销项税额本年累计 39.1 万元,已交税金为 0.6 万元。

3. 2018 年 5 月,该公司发生下列与增值税有关的经济业务:

业务 1　2 日,购入生产用 A 材料 10 吨,取得税控增值税专用发票,价款为 600 000 元,税款 96 000 元,已开出并承兑商业汇票一张,面值为 696 000 元。货物未入库(材料按实际成本核算)。

业务 2　3 日,向农业生产者收购免税农业产品作为加工食品的原料,收购价款 80 000 元以银行存款支付,材料已验收入库。

业务 3　15 日,支付上述 A 材料运费及其税额,取得增值税专用发票上注明的价款 2 000 元、增值税额 200 元。开出转账支票支付运费,材料验收入库。

业务 4　18 日,销售 A 产品,开具增值税专用发票,销量为 100 箱,不含税价款为 1 000 000 元,增值税额为 160 000 元;货物已发出,已办妥托收手续。以银行存款支付代垫运输费(含税)30 000 元,并将增值税专用发票交付购货方。销售产品时收取出借包装物押金 50 000 元,款项已存入银行。

业务 5　18 日,开出转账支票支付上月销售 A 产品运输费,其增值税专用发票注明的价款为 4 000 元,增值税额为 400 元。

业务 6　25 日,购买不需要安装的生产设备 1 台,取得税控增值税专用发票,价款为 30 000 元,增值税额为 4 800 元,款项以银行汇票结算,余款 1 200 元同日退回,设备已交付使用。

业务 7　27 日,将自产 B 食品产品用作职工福利,该产品为新试制的新产品,无同类产品的销售价格,该产品生产成本为 200 000 元,成本利润率为 10%,同日发放该产品,平均发放。企业职工比例为:生产工人占 60%、车间管理人员占 5%、行政管理人员占 25%,销售人员占 10%。

业务 8　28 日,企业以 C 产品用于广告宣传,免费品尝,账面成本为 100 000 元,公允价值为 110 000 元,计税价与公允价值相同。

业务 9　29 日,为新建厂房购入建材,取得税控增值税专用发票,价款为 100 000 元,税款为 16 000 元,该建筑材料已验收入库,货款未付。

业务 10　30 日,购买生产经营用的办公用品,取得税控增值税专用发票,价款为 5 000 元,税款为 800 元,开出转账支票支付。该办公用品生产车间领用 10%、公司管理部门领用 70%、销售部门领用 20%。

业务 11　30 日,购入生产用 B 材料 10 吨,取得税控增值税专用发票,价款为 100 000 元,税款为 16 000 元,款未付,货物已验收入库。

业务 12　31 日,将收购的免税农业产品用于职工福利,当日平均发放,原材料账面成本为 43 500 元。

业务 13　31 日,经查"其他应付款——包装物押金"明细账中 2017 年 2 月 10 日收取的押金 14 040 元,尚未征税。

业务 14　31 日,机修车间对外提供设备修理服务,取得含税收入 23 200 元,并开具增值税专用发票,收到对方开具的转账支票,当天将支票送存银行。

业务 15　31 日,将两处闲置的房屋出租:一处房屋系 2016 年 6 月份取得的,房屋原值为 150 万元,面积为 120 平方米,收取本月租金含税收入 2 200 元,存入银行;另一处房屋系 2012 年购入的,收取当月房屋租金含税收入为 3 150 元,存入银行,该处房屋租金的增值税选择简易计税方法。

业务 16　31 日,支付增值税税控系统技术维护费用 240 元,取得增值税普通发票。

业务 17　31 日,本月收购的免税农产品除用于职工福利外全部用于当月生产销售 16% 税率的货物。进项税额享受加计扣除税收政策。[提示:加计扣除农产品进项税额=当期生产领用农产品已按 10% 税率(扣除率)抵扣税额÷10%×(12%扣除率-10%)]

注:当月取得的增值税专用发票于 5 月 31 日完成认证工作。

三、实验要求

(一)为业务 4、业务 14、业务 15 开具销售货物或应税劳务、服务的增值税专用发票。

1. 开具业务 4 的增值税专用发票。

开票资料： 购买方：

    单位名称：浙江华夏商业股份有限公司

    纳税人识别号：91330150025334689Y

    地址、电话：杭州市松林路 256 号 0571-25689266

    开户银行及账号：工行杭州市分行松林路路营业部，3301400006897436427

业务 4

原始凭证 4-3-1

3300104140	浙江省增值税专用发票						№0039765		
	此联不作报销、扣税凭证使用								
						开票日期： 年 月 日			
购买方	名　　称： 纳税人识别号： 地　址、电话： 开户银行账号：					密码区		（略）	
货物或应税劳务、服务名称	规格型号	单位	数量	单价	金额		税率	税额	
合　计									
价税合计（大写）							（小写）		
销售单位	名　　称： 纳税人识别号： 地　址、电话： 开户银行账号：					备注			
收款人：　　　　　复核：　　　　　开票人：　　　　　销售方：（章）									

第一联：记账联　销售方记账凭证

注：增值税专用发票第一联系销售方内部记账使用，不作报销、扣税凭证使用，无需盖章。

原始凭证 4-3-2

3300164140	浙江省增值税专用发票	№0039765

抵 扣 联

开票日期： 年 月 日

购买方	名　　　称： 纳税人识别号： 地　址、电话： 开户银行账号：				密码区	（略）		
货物或应税劳务、服务名称	规格型号	单位	数量	单价	金额	税率	税额
合　计							
价税合计(大写)					（小写）		
销售单位	名　　　称： 纳税人识别号： 地　址、电话： 开户银行账号：				备注			

收款人：　　　　　复核：　　　　　开票人：　　　　　销售方：(章)

第二联：抵扣联　购买方记账凭证

原始凭证 4-3-3

3300164140	浙江省增值税专用发票	№0039765

发 票 联

开票日期： 年 月 日

购买方	名　　　称： 纳税人识别号： 地　址、电话： 开户银行账号：				密码区	（略）		
货物或应税劳务、服务名称	规格型号	单位	数量	单价	金额	税率	税额
合　计							
价税合计(大写)					（小写）		
销售单位	名　　　称： 纳税人识别号： 地　址、电话： 开户银行账号：				备注			

收款人：　　　　　复核：　　　　　开票人：　　　　　销售方：(章)

第三联：发票联　购买方记账凭证

2. 开具业务 14 的增值税专用发票。

开票资料：购买方：

单位名称：嘉兴良品加工有限责任公司

纳税人识别号：91330411700225606N

地址、电话：嘉兴市昌盛路 1656 号 0573-28459998

开户银行及账号：工行嘉兴市分行开发区支行　3304400002366546273

业务 14

原始凭证 14-3-1

3300164140	浙江省增值税专用发票 此联不作报销、扣税凭证使用					№0039766		
						开票日期：　年　月　日		
购买方	名　称： 纳税人识别号： 地址、电话： 开户银行账号：				密码区	（略）		
货物或应税劳务、服务名称	规格型号	单位	数量	单价	金额	税率	税额	
合计								
价税合计（大写）						（小写）		
销售单位	名　称： 纳税人识别号： 地址、电话： 开户银行账号：				备注			
收款人：　　　　复核：　　　　　　开票人：　　　　　　销货单位：（章）								

第一联：记账联　销售方记账凭证

原始凭证 14-3-2

3300164140	浙江省增值税专用发票 抵 扣 联		№0039765
	开票日期： 年 月 日		

购买方	名　　　称： 纳税人识别号： 地　址、电话： 开户银行账号：	密码区	（略）

货物或应税劳务、服务名称	规格型号	单位	数量	单价	金额	税率	税额
合　计							

价税合计（大写）	（小写）

销售单位	名　　　称： 纳税人识别号： 地　址、电话： 开户银行账号：	备注	

收款人：　　　　复核：　　　　　　开票人：　　　　　销售方：（章）

第二联：抵扣联 购买方记账凭证

原始凭证 14-3-3

3300164140	浙江省增值税专用发票 发 票 联		№0039765
	开票日期： 年 月 日		

购买方	名　　　称： 纳税人识别号： 地　址、电话： 开户银行账号：	密码区	（略）

货物或应税劳务、服务名称	规格型号	单位	数量	单价	金额	税率	税额
合　计							

价税合计（大写）	（小写）

销售单位	名　　　称： 纳税人识别号： 地　址、电话： 开户银行账号：	备注	

收款人：　　　　复核：　　　　　　开票人：　　　　　销售方：（章）

第三联：发票联 购买方记账凭证

3. 开具业务 15 的增值税专用发票(一般计税方法计税的租金收入)。

开票资料：购买方：

单位名称：嘉兴科创软件有限责任公司

纳税人识别号：91330411700115615N

地址、电话：嘉兴市城东路 59 号 0573-21091562

开户银行及账号：工行嘉兴市分行城东路支行,3304400002256716189

劳务发生地：嘉兴经济开发区塘并路 125 号

业务 15

原始凭证 15-3-1

3300164140	浙江省增值税专用发票	№ 0039767

此联不作报销、扣税凭证使用

开票日期：　　年 月 日

购买方	名　　称： 纳税人识别号： 地 址 、电 话： 开户银行账号：					密码区	（略）	
货物或应税劳务、服务名称	规格型号	单位	数量	单价	金额	税率	税额	
合计								
价税合计(大写)				（小写）				
销售单位	名　　称： 纳税人识别号： 地 址 、电 话： 开户银行账号：					备注		
收款人：	复核：		开票人：		销售方：(章)			

第一联：记账联　销售方记账凭证

原始凭证 15-3-2

3300164140	浙江省增值税专用发票	№0039767

抵　扣　联

开票日期：　　年　月　日

购买方	名　　称：		密码区	（略）
	纳税人识别号：			
	地址、电话：			
	开户银行账号：			

货物或应税劳务、服务名称	规格型号	单位	数量	单价	金额	税率	税额
合　计							

价税合计（大写）		（小写）

销售单位	名　　称：		备注	
	纳税人识别号：			
	地址、电话：			
	开户银行账号：			

收款人：　　　　　复核：　　　　　开票人：　　　　　销售方：（章）

第二联：抵扣联　购买方记账凭证

（印章：嘉兴和创软件有限责任公司　3304117001156156483　财务专用章）

原始凭证 15-3-3

3300164140	浙江省增值税专用发票	№0039767

发　票　联

开票日期：　　年　月　日

购买方	名　　称：		密码区	（略）
	纳税人识别号：			
	地址、电话：			
	开户银行账号：			

货物或应税劳务、服务名称	规格型号	单位	数量	单价	金额	税率	税额
合　计							

价税合计（大写）		（小写）

销售单位	名　　称：		备注	
	纳税人识别号：			
	地址、电话：			
	开户银行账号：			

收款人：　　　　　复核：　　　　　开票人：　　　　　销售方：（章）

第三联：发票联　购买方记账凭证

（印章：嘉兴和创软件有限责任公司　3304117001156156483　财务专用章）

（二）编制有关记账凭证。

（三）登记"应交税费——应交增值税"明细账。

（四）填制本月增值税纳税申报表及其附列资料。

1.《增值税纳税申报表(一般纳税人适用)》(见表 1-1)。

表 1-1　增值税纳税申报表
(一般纳税人适用)

根据国家税收法律法规及增值税相关规定制定本表。纳税人不论有无销售额,均应按税务机关核定的纳税期限填写本表,并向当地税务机关申报。

税款所属时间:自　年　月　日至　年　月　日　　填表日期:　年　月　日　　金额单位:元至角分

纳税人识别号											所属行业:		
纳税人名称			(公章)	法定代表人姓名		注册地址			生产经营地址			
开户银行及账号					登记注册类型				电话号码			
项　目		栏　次		一般项目			即征即退项目	
				本月数	本年累计		本月数	本年累计
销售额	(一)按适用税率计税销售额	1						
	其中:应税货物销售额	2						
	应税劳务销售额	3						
	纳税检查调整的销售额	4						
	(二)按简易办法计税销售额	5						
	其中:纳税检查调整的销售额	6						
	(三)免、抵、退办法出口销售额	7				—	—
	(四)免税销售额	8				—	—
	其中:免税货物销售额	9				—	—
	免税劳务销售额	10				—	—
税款计算	销项税额	11						
	进项税额	12						
	上期留抵税额	13						
	进项税额转出	14						
	免、抵、退应退税额	15						
	按适用税率计算的纳税检查应补缴税额	16						
	应抵扣税额合计	$17=12+13-14-15+16$				—		—
	实际抵扣税额	18(如 17<11,则为17,否则为 11)						
	应纳税额	$19=11-18$						
	期末留抵税额	$20=17-18$					—
	简易计税办法计算的应纳税额	21						
	按简易计税办法计算的纳税检查应补缴税额	22				—		—
	应纳税额减征额	23						
	应纳税额合计	$24=19+21-23$						

（续表）

项　目	栏　次	一般项目		即征即退项目	
		本月数	本年累计	本月数	本年累计
期初未缴税额（多缴为负数）	25				
实收出口开具专用缴款书退税额	26			—	—
本期已缴税额	27＝28＋29＋30＋31				
① 分次预缴税额	28			—	—
② 出口开具专用缴款书预缴税额	29			—	—
③ 本期缴纳上期应纳税额	30				
④ 本期缴纳欠缴税额	31				
期末未缴税额（多缴为负数）	32＝24＋25＋26－27				
其中：欠缴税额（≥0）	33＝25＋26－27			—	—
本期应补（退）税额	34＝24－28－29				
即征即退实际退税额	35	—	—		
期初未缴查补税额	36			—	—
本期入库查补税额	37			—	—
期末未缴查补税额	38＝16＋22＋36－37			—	—

税款缴纳栏目说明：第25行至第38行由"税款缴纳"项目标识。

授权声明	如果你已委托代理人申报，请填写下列资料： 　　为代理一切税务事宜，现授权 （地址）　　　　　　为本纳税人的代理申报人，任何 与本申报表有关的往来文件，都可寄予此人。 　　　　　　　　　　　　　　授权人签字：	申报人声明	本纳税申报表是根据国家税收法律法规及相关规定填报的，我确定它是真实的、可靠的、完整的。 　　　　　　　　　　　　声明人签字：

主管税务机关：　　　　　　　　接收人：　　　　　　　　接收日期：

填报说明：

（1）"税款所属时间"：指纳税人申报的增值税应纳税额的所属时间，应填写具体的起止年、月、日。

（2）"填表日期"：指纳税人填写本表的具体日期。

（3）"纳税人识别号"：填写纳税人的税务登记证件号码。

（4）"所属行业"：按照国民经济行业分类与代码中的小类行业填写。

（5）"纳税人名称"：填写纳税人单位名称全称。

（6）"法定代表人姓名"：填写纳税人法定代表人的姓名。

（7）"注册地址"：填写纳税人税务登记证件所注明的详细地址。

（8）"生产经营地址"：填写纳税人实际生产经营地的详细地址。

（9）"开户银行及账号"：填写纳税人开户银行的名称和纳税人在该银行的结算账户号码。

（10）"登记注册类型"：按纳税人税务登记证件的栏目内容填写。

（11）"电话号码"：填写可联系到纳税人的常用电话号码。

（12）"即征即退项目"列：填写纳税人按规定享受增值税即征即退政策的货物、劳务和服务、不动产、无形资产的征（退）税数据。

（13）"一般项目"列：填写除享受增值税即征即退政策以外的货物、劳务和服务、不动产、无形资产的征（免）税数据。

（14）"本年累计"列：一般填写本年度内各月"本月数"之和。其中，第13、第20、第25、第

32、第36、第38栏及第18栏"实际抵扣税额""一般项目"列的"本年累计"分别按本填写说明第(27)、第(34)、第(39)、第(46)、第(50)、第(52)、第(32)条要求填写。

(15) 第1栏"(一)按适用税率计税销售额":填写纳税人本期按一般计税方法计算缴纳增值税的销售额,包含:在财务上不作销售但按税法规定应缴纳增值税的视同销售和价外费用的销售额;外贸企业作价销售进料加工复出口货物的销售额;税务、财政、审计部门检查后按一般计税方法计算调整的销售额。

营业税改征增值税的纳税人,服务、不动产和无形资产有扣除项目的,本栏应填写扣除之前的不含税销售额。

本栏"一般项目"列"本月数"=《增值税纳税申报表附列资料(一)》第9列第1至第5行之和-第9列第6、第7行之和;本栏"即征即退项目"列"本月数"=《增值税纳税申报表附列资料(一)》第9列第6、第7行之和。

(16) 第2栏"其中:应税货物销售额":填写纳税人本期按适用税率计算增值税的应税货物的销售额,包含:在财务上不作销售但按税法规定应缴纳增值税的视同销售货物和价外费用销售额,以及外贸企业作价销售进料加工复出口货物的销售额。

(17) 第3栏"应税劳务销售额":填写纳税人本期按适用税率计算增值税的应税劳务的销售额。

(18) 第4栏"纳税检查调整的销售额":填写纳税人因税务、财政、审计部门检查,并按一般计税方法在本期计算调整的销售额。但享受增值税即征即退政策的货物、劳务和服务、不动产、无形资产,经纳税检查属于偷税的,不填入"即征即退项目"列,而应填入"一般项目"列。

营业税改征增值税的纳税人,服务、不动产和无形资产有扣除项目的,本栏应填写扣除之前的不含税销售额。

本栏"一般项目"列"本月数"=《增值税纳税申报表附列资料(一)》第7列第1至第5行之和。

(19) 第5栏"(二)按简易办法计税销售额":填写纳税人本期按简易计税方法计算增值税的销售额,包含纳税检查调整按简易计税方法计算增值税的销售额。

营业税改征增值税的纳税人,服务、不动产和无形资产有扣除项目的,本栏应填写扣除之前的不含税销售额;服务、不动产和无形资产按规定汇总计算缴纳增值税的分支机构,其当期按预征率计算缴纳增值税的销售额也填入本栏。

本栏"一般项目"列"本月数"≥《增值税纳税申报表附列资料(一)》第9列第8至第13b行之和-第9列第14、第15行之和;本栏"即征即退项目"列"本月数"≥《增值税纳税申报表附列资料(一)》第9列第14、第15行之和。

(20) 第6栏"其中:纳税检查调整的销售额":填写纳税人因税务、财政、审计部门检查,并按简易计税方法在本期计算调整的销售额。但享受增值税即征即退政策的货物、劳务和服务、不动产、无形资产,经纳税检查属于偷税的,不填入"即征即退项目"列,而应填入"一般项目"列。

营业税改征增值税的纳税人,服务、不动产和无形资产有扣除项目的,本栏应填写扣除之前的不含税销售额。

(21) 第7栏"(三)免、抵、退办法出口销售额":填写纳税人本期适用免、抵、退税办法的出口货物、劳务和服务、无形资产的销售额。

营业税改征增值税的纳税人,服务、无形资产有扣除项目的,本栏应填写扣除之前的销售额。

本栏"一般项目"列"本月数"=《增值税纳税申报表附列资料(一)》第9列第16、第17行之和。

(22) 第 8 栏"(四)免税销售额"：填写纳税人本期按照税法规定免征增值税的销售额和适用零税率的销售额，但零税率的销售额中不包括适用免、抵、退税办法的销售额。

营业税改征增值税的纳税人，服务、不动产和无形资产有扣除项目的，本栏应填写扣除之前的免税销售额。

本栏"一般项目"列"本月数"＝《增值税纳税申报表附列资料(一)》第 9 列第 18、第 19 行之和。

(23) 第 9 栏"其中：免税货物销售额"：填写纳税人本期按照税法规定免征增值税的货物销售额及适用零税率的货物销售额，但零税率的销售额中不包括适用免、抵、退税办法出口货物的销售额。

(24) 第 10 栏"免税劳务销售额"：填写纳税人本期按照税法规定免征增值税的劳务销售额及适用零税率的劳务销售额，但零税率的销售额中不包括适用免、抵、退税办法的劳务的销售额。

(25) 第 11 栏"销项税额"：填写纳税人本期按一般计税方法计税的货物、劳务和服务、不动产、无形资产的销项税额。

营业税改征增值税的纳税人，服务、不动产和无形资产有扣除项目的，本栏应填写扣除之后的销项税额。

本栏"一般项目"列"本月数"＝《增值税纳税申报表附列资料(一)》(第 10 列第 1、第 3 行之和－第 10 列第 6 行)＋(第 14 列第 2、第 4、第 5 行之和－第 14 列第 7 行)。

本栏"即征即退项目"列"本月数"＝《增值税纳税申报表附列资料(一)》第 10 列第 6 行＋第 14 列第 7 行。

(26) 第 12 栏"进项税额"：填写纳税人本期申报抵扣的进项税额。

本栏"一般项目"列"本月数"＋"即征即退项目"列"本月数"＝《增值税纳税申报表附列资料(二)》第 12 栏"税额"。

(27) 第 13 栏"上期留抵税额"[①]：

A. 上期留抵税额按规定须挂账的纳税人，按以下要求填写本栏的"本月数"和"本年累计"。

上期留抵税额按规定须挂账的纳税人是指试点实施之日前一个税款所属期的申报表第 20 栏"期末留抵税额""一般货物、劳务和应税服务"列"本月数"大于零，且兼有营业税改征增值税服务、不动产和无形资产的纳税人(下同)。其试点实施之日前一个税款所属期的申报表第 20 栏"期末留抵税额""一般货物、劳务和应税服务"列"本月数"，以下称为货物和劳务挂账留抵税额。

a. 本栏"一般项目"列"本月数"：试点实施之日的税款所属期填写"0"；以后各期按上期申报表第 20 栏"期末留抵税额""一般项目"列"本月数"填写。

b. 本栏"一般项目"列"本年累计"：反映货物和劳务挂账留抵税额本期期初余额。试点实施之日的税款所属期按试点实施之日前一个税款所属期的申报表第 20 栏"期末留抵税额""一般货物、劳务和应税服务"列"本月数"填写；以后各期按上期申报表第 20 栏"期末留抵税额""一般项目"列"本年累计"填写。

c. 本栏"即征即退项目"列"本月数"：按上期申报表第 20 栏"期末留抵税额""即征即退项

---

① 注：根据《关于调整增值税一般纳税人留抵税额申报口径的公告》(国家税务总局公告 2016 年第 75 号)，第 13 栏"上期留抵税额""一般项目"列"本年累计"和第 20 栏"期末留抵税额""一般项目"列"本年累计"栏，从 2016 年 12 月 1 日开始停止使用，不再填报数据，上期留抵税额"本年累计"有余额的，转入"本月数"中。

目"列"本月数"填写。

B. 其他纳税人,按以下要求填写本栏"本月数"和"本年累计"。其他纳税人是指除上期留抵税额按规定须挂账的纳税人之外的纳税人(下同)。

a. 本栏"一般项目"列"本月数":按上期申报表第20栏"期末留抵税额""一般项目"列"本月数"填写。

b. 本栏"一般项目"列"本年累计":填写"0"。

c. 本栏"即征即退项目"列"本月数":按上期申报表第20栏"期末留抵税额""即征即退项目"列"本月数"填写。

(28) 第14栏"进项税额转出":填写纳税人已经抵扣,但按税法规定本期应转出的进项税额。

本栏"一般项目"列"本月数"+"即征即退项目"列"本月数"=《增值税纳税申报表附列资料(二)》第13栏"税额"。

(29) 第15栏"免、抵、退应退税额":反映税务机关退税部门按照出口货物、劳务和服务、无形资产免、抵、退办法审批的增值税应退税额。

(30) 第16栏"按适用税率计算的纳税检查应补缴税额":填写税务、财政、审计部门检查,按一般计税方法计算的纳税检查应补缴的增值税额。

本栏"一般项目"列"本月数"≤《增值税纳税申报表附列资料(一)》第8列第1至第5行之和+《附列资料(二)》第19栏。

(31) 第17栏"应抵扣税额合计":填写纳税人本期应抵扣进项税额的合计数。按表中所列公式计算填写。

(32) 第18栏"实际抵扣税额"。

A. 上期留抵税额按规定须挂账的纳税人,按以下要求填写本栏的"本月数"和"本年累计"。

a. 本栏"一般项目"列"本月数":按表中所列公式计算填写。

b. 本栏"一般项目"列"本年累计":填写货物和劳务挂账留抵税额本期实际抵减一般货物和劳务应纳税额的数额。将"货物和劳务挂账留抵税额本期期初余额"与"一般计税方法的一般货物及劳务应纳税额"两个数据相比较,取两者中小的数据。

其中:货物和劳务挂账留抵税额本期期初余额=第13栏"上期留抵税额""一般项目"列"本年累计"。

一般计税方法的一般货物及劳务应纳税额=(第11栏"销项税额""一般项目"列"本月数"-第18栏"实际抵扣税额""一般项目"列"本月数")×一般货物及劳务销项税额比例。

一般货物及劳务销项税额比例=(《增值税纳税申报表附列资料(一)》第10列第1、第3行之和-第10列第6行)÷第11栏"销项税额""一般项目"列"本月数"×100%。

c. 本栏"即征即退项目"列"本月数":按表中所列公式计算填写。

B. 其他纳税人,按以下要求填写本栏的"本月数"和"本年累计":

a. 本栏"一般项目"列"本月数":按表中所列公式计算填写。

b. 本栏"一般项目"列"本年累计":填写"0"。

c. 本栏"即征即退项目"列"本月数":按表中所列公式计算填写。

(33) 第19栏"应纳税额":反映纳税人本期按一般计税方法计算并应缴纳的增值税额。按以下公式计算填写:

A. 本栏"一般项目"列"本月数"＝第 11 栏"销项税额""一般项目"列"本月数"－第 18 栏"实际抵扣税额""一般项目"列"本月数"－第 18 栏"实际抵扣税额""一般项目"列"本年累计"。

B. 本栏"即征即退项目"列"本月数"＝第 11 栏"销项税额""即征即退项目"列"本月数"－第 18 栏"实际抵扣税额""即征即退项目"列"本月数"。

（34）第 20 栏"期末留抵税额"。

A. 上期留抵税额按规定须挂账的纳税人，按以下要求填写本栏的"本月数"和"本年累计"：

a. 本栏"一般项目"列"本月数"：反映试点实施以后，货物、劳务和服务、不动产、无形资产共同形成的留抵税额，按表中所列公式计算填写。

b. 本栏"一般项目"列"本年累计"：反映货物和劳务挂账留抵税额，在试点实施以后抵减一般货物和劳务应纳税额后的余额，按以下公式计算填写：

本栏"一般项目"列"本年累计"＝第 13 栏"上期留抵税额""一般项目"列"本年累计"－第 18 栏"实际抵扣税额""一般项目"列"本年累计"。

c. 本栏"即征即退项目"列"本月数"：按表中所列公式计算填写。

B. 其他纳税人，按以下要求填写本栏"本月数"和"本年累计"：

a. 本栏"一般项目"列"本月数"：按表中所列公式计算填写。

b. 本栏"一般项目"列"本年累计"：填写"0"。

c. 本栏"即征即退项目"列"本月数"：按表中所列公式计算填写。

（35）第 21 栏"简易计税办法计算的应纳税额"：反映纳税人本期按简易计税方法计算并应缴纳的增值税额，但不包括按简易计税方法计算的纳税检查应补缴税额。按以下公式计算填写：

本栏"一般项目"列"本月数"＝《增值税纳税申报表附列资料(一)》（第 10 列第 8、第 9a、第 10、第 11 行之和－第 10 列第 14 行）＋（第 14 列第 9b、第 12、第 13a、第 13b 行之和－第 14 列第 15 行）。

本栏"即征即退项目"列"本月数"＝《增值税纳税申报表附列资料(一)》第 10 列第 14 行＋第 14 列第 15 行。

营业税改征增值税的纳税人，服务、不动产和无形资产按规定汇总计算缴纳增值税的分支机构，应将预征增值税额填入本栏。预征增值税额＝应预征增值税的销售额×预征率。

（36）第 22 栏"按简易计税办法计算的纳税检查应补缴税额"：填写纳税人本期因税务、财政、审计部门检查并按简易计税方法计算的纳税检查应补缴税额。

（37）第 23 栏"应纳税额减征额"：填写纳税人本期按照税法规定减征的增值税应纳税额。包含按照规定可在增值税应纳税额中全额抵减的增值税税控系统专用设备费用以及技术维护费。

当本期减征额小于或等于第 19 栏"应纳税额"与第 21 栏"简易计税办法计算的应纳税额"之和时，按本期减征额实际填写；当本期减征额大于第 19 栏"应纳税额"与第 21 栏"简易计税办法计算的应纳税额"之和时，按本期第 19 栏与第 21 栏之和填写。本期减征额不足抵减部分结转下期继续抵减。

（38）第 24 栏"应纳税额合计"：反映纳税人本期应缴增值税的合计数。按表中所列公式计算填写。

（39）第 25 栏"期初未缴税额(多缴为负数)"："本月数"按上一税款所属期申报表第 32 栏"期末未缴税额(多缴为负数)""本月数"填写。"本年累计"按上年度最后一个税款所属期申报表第 32 栏"期末未缴税额(多缴为负数)""本年累计"填写。

(40)第 26 栏"实收出口开具专用缴款书退税额":本栏不填写。

(41)第 27 栏"本期已缴税额":反映纳税人本期实际缴纳的增值税额,但不包括本期入库的查补税款,按表中所列公式计算填写。

(42)第 28 栏"①分次预缴税额":填写纳税人本期已缴纳的准予在本期增值税应纳税额中抵减的税额。

营业税改征增值税的纳税人,分以下几种情况填写:

A. 服务、不动产和无形资产按规定汇总计算缴纳增值税的总机构,其可以从本期增值税应纳税额中抵减的分支机构已缴纳的税款,按当期实际可抵减数填入本栏,不足抵减部分结转下期继续抵减。

B. 销售建筑服务并按规定预缴增值税的纳税人,其可以从本期增值税应纳税额中抵减的已缴纳的税款,按当期实际可抵减数填入本栏,不足抵减部分结转下期继续抵减。

C. 销售不动产并按规定预缴增值税的纳税人,其可以从本期增值税应纳税额中抵减的已缴纳的税款,按当期实际可抵减数填入本栏,不足抵减部分结转下期继续抵减。

D. 出租不动产并按规定预缴增值税的纳税人,其可以从本期增值税应纳税额中抵减的已缴纳的税款,按当期实际可抵减数填入本栏,不足抵减部分结转下期继续抵减。

(43)第 29 栏"②出口开具专用缴款书预缴税额":本栏不填写。

(44)第 30 栏"③本期缴纳上期应纳税额":填写纳税人本期缴纳上一税款所属期应缴未缴的增值税额。

(45)第 31 栏"④本期缴纳欠缴税额":反映纳税人本期实际缴纳和留抵税额抵减的增值税欠税额,但不包括缴纳入库的查补增值税额。

(46)第 32 栏"期末未缴税额(多缴为负数)":"本月数"反映纳税人本期期末应缴未缴的增值税额,但不包括纳税检查应缴未缴的税额,按表中所列公式计算填写。"本年累计"与"本月数"相同。

(47)第 33 栏"其中:欠缴税额(≥0)":反映纳税人按照税法规定已形成欠税的增值税额,按表中所列公式计算填写。

(48)第 34 栏"本期应补(退)税额":反映纳税人本期应纳税额中应补缴或应退回的数额,按表中所列公式计算填写。

(49)第 35 栏"即征即退实际退税额":反映纳税人本期因符合增值税即征即退政策规定,而实际收到的税务机关退回的增值税额。

(50)第 36 栏"期初未缴查补税额":"本月数"按上一税款所属期申报表第 38 栏"期末未缴查补税额""本月数"填写,"本年累计"按上年度最后一个税款所属期申报表第 38 栏"期末未缴查补税额""本年累计"填写。

(51)第 37 栏"本期入库查补税额":反映纳税人本期因税务、财政、审计部门检查而实际入库的增值税额,包括按一般计税方法计算并实际缴纳的查补增值税额和按简易计税方法计算并实际缴纳的查补增值税额。

(52)第 38 栏"期末未缴查补税额":"本月数"反映纳税人接受纳税检查后应在本期期末缴纳而未缴纳的查补增值税额,按表中所列公式计算填写,"本年累计"与"本月数"相同。

2.《增值税纳税申报表附列资料(一)(本期销售情况明细)》(见表 1-2)。

表1-2　增值税纳税申报表附列资料（一）

（本期销售情况明细）

纳税人名称：（公章）

税款所属时间：　　年　月　日至　　年　月　日

金额单位：元至角分

项目及栏次		栏次	开具增值税专用发票		开具其他发票		未开具发票		纳税检查调整		合计		价税合计 11=9+10	服务、不动产和无形资产扣除项目本期实际扣除金额 12	扣除后	
			销售额 1	销项（应纳）税额 2	销售额 3	销项（应纳）税额 4	销售额 5	销项（应纳）税额 6	销售额 7	销项（应纳）税额 8	销售额 9=1+3+5+7	销项（应纳）税额 10=2+4+6+8			含税（免税）销售额 13=11-12	销项（应纳）税额 14=13÷(100%+税率或征收率)×税率或征收率
一、一般计税方法计税	全部征税项目	16%税率的货物及加工修理修配劳务	1									9=1+3+5+7	10=2+4+6+8	11=9+10	12	13=11-12	14=13÷(100%+税率或征收率)×税率或征收率
		16%税率的服务、不动产和无形资产	2			—										—	—
		13%税率	3	—				—		—						—	—
		10%税率的货物及加工修理修配劳务	4a			—									—	—	—
		10%税率的服务、不动产和无形资产	4b														
		6%税率	5												—	—	—
	其中：即征即退项目	即征即退货物及加工修理修配劳务	6	—	—	—	—	—	—	—	—				—	—	—
		即征即退服务、不动产和无形资产	7														
二、简易计税方法计税	全部征税项目	6%征收率	8												—	—	—
		5%征收率的货物及加工修理修配劳务	9a												—	—	—
		5%征收率的服务、不动产和无形资产	9b														
		4%征收率	10												—	—	—
		3%征收率的货物及加工修理修配劳务	11												—	—	—
		3%征收率的服务、不动产和无形资产	12														
		预征率　%	13a												—	—	—
		预征率　%	13b												—	—	—
		预征率　%	13c												—	—	—
	其中：即征即退项目	即征即退货物及加工修理修配劳务	14	—		—		—		—					—	—	—
		即征即退服务、不动产和无形资产	15														
三、免抵退税		货物及加工修理修配劳务	16		—		—		—		—		—	—	—	—	—
		服务、不动产和无形资产	17		—		—		—		—		—				—
四、免税		货物及加工修理修配劳务	18		—		—		—		—		—	—	—	—	—
		服务、不动产和无形资产	19		—		—		—		—		—				—

填报说明:

(1)"税款所属时间""纳税人名称"的填写同主表。

(2)各列说明:

A. 第1至第2列"开具增值税专用发票":反映本期开具增值税专用发票(含税控机动车销售统一发票,下同)的情况。

B. 第3至第4列"开具其他发票":反映除增值税专用发票以外本期开具的其他发票的情况。

C. 第5至第6列"未开具发票":反映本期未开具发票的销售情况。

D. 第7至第8列"纳税检查调整":反映经税务、财政、审计部门检查并在本期调整的销售情况。

E. 第9至第11列"合计":按照表中所列公式填写。

营业税改征增值税的纳税人,服务、不动产和无形资产有扣除项目的,第1至第11列应填写扣除之前的征(免)税销售额、销项(应纳)税额和价税合计额。

F. 第12列"服务、不动产和无形资产扣除项目本期实际扣除金额":营业税改征增值税的纳税人,服务、不动产和无形资产有扣除项目的,按《增值税纳税申报表附列资料(三)》第5列对应各行次数据填写,其中本列第5栏等于《增值税纳税申报表附列资料(三)》第5列第3行与第4行之和;服务、不动产和无形资产无扣除项目的,本列填写"0"。其他纳税人不填写。

营业税改征增值税的纳税人,服务、不动产和无形资产按规定汇总计算缴纳增值税的分支机构,当期服务、不动产和无形资产有扣除项目的,填入本列第13行。

G. 第13列"扣除后""含税(免税)销售额":营业税改征增值税的纳税人,服务、不动产和无形资产有扣除项目的,本列各行次=第11列对应各行次-第12列对应各行次。其他纳税人不填写。

H. 第14列"扣除后""销项(应纳)税额":营业税改征增值税的纳税人,服务、不动产和无形资产有扣除项目的,按以下要求填写本列,其他纳税人不填写:

a. 服务、不动产和无形资产按照一般计税方法计税。

$$本列各行次=第13列\div(100\%+对应行次税率)\times对应行次税率$$

本列第7行"按一般计税方法计税的即征即退服务、不动产和无形资产"不按本列的说明填写。具体填写要求见"各行说明"第B条第b项第三点的说明。

b. 服务、不动产和无形资产按照简易计税方法计税。

$$本列各行次=第13列\div(100\%+对应行次征收率)\times对应行次征收率$$

本列第13行"预征率‰"不按本列的说明填写。具体填写要求见"各行说明"第D条第b项。

c. 服务、不动产和无形资产实行免抵退税或免税的,本列不填写。

(3)各行说明:

A. 第1至第5行"一、一般计税方法计税""全部征税项目"各行:按不同税率和项目分别填写按一般计税方法计算增值税的全部征税项目。有即征即退征税项目的纳税人,本部分数据中既包括即征即退征税项目,又包括不享受即征即退政策的一般征税项目。

B. 第6至第7行"一、一般计税方法计税""其中:即征即退项目"各行:只反映按一般计税方法计算增值税的即征即退项目。按照税法规定不享受即征即退政策的纳税人,不填写本行。即征即退项目是全部征税项目的其中数。

a. 第 6 行"即征即退货物及加工修理修配劳务":反映按一般计税方法计算增值税且享受即征即退政策的货物和加工修理修配劳务。本行不包括服务、不动产和无形资产的内容。

第一,本行第 9 列"合计""销售额"栏:反映按一般计税方法计算增值税且享受即征即退政策的货物及加工修理修配劳务的不含税销售额。该栏不按第 9 列所列公式计算,应按照税法规定据实填写。

第二,本行第 10 列"合计""销项(应纳)税额"栏:反映按一般计税方法计算增值税且享受即征即退政策的货物及加工修理修配劳务的销项税额。该栏不按第 10 列所列公式计算,应按照税法规定据实填写。

b. 第 7 行"即征即退服务、不动产和无形资产":反映按一般计税方法计算增值税且享受即征即退政策的服务、不动产和无形资产。本行不包括货物及加工修理修配劳务的内容。

第一,本行第 9 列"合计""销售额"栏:反映按一般计税方法计算增值税且享受即征即退政策的服务、不动产和无形资产的不含税销售额。服务、不动产和无形资产有扣除项目的,按扣除之前的不含税销售额填写。该栏不按第 9 列所列公式计算,应按照税法规定据实填写。

第二,本行第 10 列"合计""销项(应纳)税额"栏:反映按一般计税方法计算增值税且享受即征即退政策的服务、不动产和无形资产的销项税额。服务、不动产和无形资产有扣除项目的,按扣除之前的销项税额填写。该栏不按第 10 列所列公式计算,应按照税法规定据实填写。

第三,本行第 14 列"扣除后""销项(应纳)税额"栏:反映按一般计税方法征收增值税且享受即征即退政策的服务、不动产和无形资产实际应计提的销项税额。服务、不动产和无形资产有扣除项目的,按扣除之后的销项税额填写;服务、不动产和无形资产无扣除项目的,按本行第 10 列填写。该栏不按第 14 列所列公式计算,应按照税法规定据实填写。

C. 第 8 至第 12 行"二、简易计税方法计税""全部征税项目"各行:按不同征收率和项目分别填写按简易计税方法计算增值税的全部征税项目。有即征即退征税项目的纳税人,本部分数据中既包括即征即退项目,也包括不享受即征即退政策的一般征税项目。

D. 第 13a 至第 13c 行"二、简易计税方法计税""全部征税项目""预征率%":反映营业税改征增值税的纳税人,服务、不动产和无形资产按规定汇总计算缴纳增值税的分支机构,预征增值税销售额、预征增值税应纳税额。其中,第 13a 行"预征率 %"适用于所有实行汇总计算缴纳增值税的分支机构试点纳税人;第 13b、第 13c 行"预征率%"适用于部分实行汇总计算缴纳增值税的铁路运输试点纳税人。

a. 第 13a 至第 13c 行第 1 至第 6 列按照销售额和销项税额的实际发生数填写。

b. 第 13a 至第 13c 行第 14 列,纳税人按"应预征缴纳的增值税=应预征增值税销售额×预征率"公式计算后据实填写。

E. 第 14 至第 15 行"二、简易计税方法计税""其中:即征即退项目"各行:只反映按简易计税方法计算增值税的即征即退项目。按照税法规定不享受即征即退政策的纳税人,不填写本行。即征即退项目是全部征税项目的其中数。

a. 第 14 行"即征即退货物及加工修理修配劳务":反映按简易计税方法计算增值税且享受即征即退政策的货物及加工修理修配劳务。本行不包括服务、不动产和无形资产的内容。

第一,本行第 9 列"合计""销售额"栏:反映按简易计税方法计算增值税且享受即征即退政策的货物及加工修理修配劳务的不含税销售额。该栏不按第9列所列公式计算,应按照税法规定据实填写。

第二,本行第10列"合计""销项(应纳)税额"栏:反映按简易计税方法计算增值税且享受即征即退政策的货物及加工修理修配劳务的应纳税额。该栏不按第10列所列公式计算,应按照税法规定据实填写。

b. 第15行"即征即退服务、不动产和无形资产":反映按简易计税方法计算增值税且享受即征即退政策的服务、不动产和无形资产。本行不包括货物及加工修理修配劳务的内容。

第一,本行第9列"合计""销售额"栏:反映按简易计税方法计算增值税且享受即征即退政策的服务、不动产和无形资产的不含税销售额。服务、不动产和无形资产有扣除项目的,按扣除之前的不含税销售额填写。该栏不按第9列所列公式计算,应按照税法规定据实填写。

第二,本行第10列"合计""销项(应纳)税额"栏:反映按简易计税方法计算增值税且享受即征即退政策的服务、不动产和无形资产的应纳税额。服务、不动产和无形资产有扣除项目的,按扣除之前的应纳税额填写。该栏不按第10列所列公式计算,应按照税法规定据实填写。

第三,本行第14列"扣除后""销项(应纳)税额"栏:反映按简易计税方法计算增值税且享受即征即退政策的服务、不动产和无形资产实际应计提的应纳税额。服务、不动产和无形资产有扣除项目的,按扣除之后的应纳税额填写;服务、不动产和无形资产无扣除项目的,按本行第10列填写。

F. 第16行"三、免抵退税""货物及加工修理修配劳务":反映适用免、抵、退税政策的出口货物、加工修理修配劳务。

G. 第17行"三、免抵退税""服务、不动产和无形资产":反映适用免、抵、退税政策的服务、不动产和无形资产。

H. 第18行"四、免税""货物及加工修理修配劳务":反映按照税法规定免征增值税的货物及劳务和适用零税率的出口货物及劳务,但零税率的销售额中不包括适用免、抵、退税办法的出口货物及劳务。

I. 第19行"四、免税""服务、不动产和无形资产":反映按照税法规定免征增值税的服务、不动产、无形资产和适用零税率的服务、不动产、无形资产,但零税率的销售额中不包括适用免、抵、退税办法的服务、不动产和无形资产。

3.《增值税纳税申报表附列资料(二)(本期进项税额明细)》(见表1-3)。

表1-3 增值税纳税申报表附列资料(二)
(本期进项税额明细)

税款所属时间: 年 月 日至   年 月 日

纳税人名称:(公章)   金额单位:元至角分

一、申报抵扣的进项税额				
项目	栏次	份数	金额	税额
(一)认证相符的增值税专用发票	1=2+3			
其中:本期认证相符且本期申报抵扣	2			
前期认证相符且本期申报抵扣	3			
(二)其他扣税凭证	4=5+6+7+8a+8b			

（续表）

项目	栏次	份数	金额	税额
其中：海关进口增值税专用缴款书	5			
农产品收购发票或者销售发票	6			
代扣代缴税收缴款凭证	7		—	
加计扣除农产品进项税额	8a			
其他	8b			
（三）本期用于购建不动产的扣税凭证	9			
（四）本期不动产允许抵扣进项税额	10		—	—
（五）外贸企业进项税额抵扣证明	11		—	—
当期申报抵扣进项税额合计	12＝1＋4－9＋10＋11			

二、进项税额转出额

项目	栏次	税额
本期进项税额转出额	13＝14 至 23 之和	
其中：免税项目用	14	
集体福利、个人消费	15	
非正常损失	16	
简易计税方法征税项目用	17	
免抵退税办法不得抵扣的进项税额	18	
纳税检查调减进项税额	19	
红字专用发票信息表注明的进项税额	20	
上期留抵税额抵减欠税	21	
上期留抵税额退税	22	
其他应作进项税额转出的情形	23	

三、待抵扣进项税额

项目	栏次	份数	金额	税额
（一）认证相符的增值税专用发票	24		—	—
期初已认证相符但未申报抵扣	25			
本期认证相符且本期未申报抵扣	26			
期末已认证相符但未申报抵扣	27			
其中：按照税法规定不允许抵扣	28			
（二）其他扣税凭证	29＝30 至 33 之和			
其中：海关进口增值税专用缴款书	30			
农产品收购发票或者销售发票	31			
代扣代缴税收缴款凭证	32			
其他	33			
	34			

四、其他

项目	栏次	份数	金额	税额
本期认证相符的增值税专用发票	35			
代扣代缴税额	36		—	—

填报说明：

（1）"税款所属时间""纳税人名称"的填写同主表。

（2）第1至第12栏"一、申报抵扣的进项税额"：分别反映纳税人按税法规定符合抵扣条件，在本期申报抵扣的进项税额。

A. 第1栏"（一）认证相符的增值税专用发票"：反映纳税人取得的认证相符本期申报抵扣的增值税专用发票情况。该栏应等于第2栏"其中：本期认证相符且本期申报抵扣"与第3栏"前期认证相符且本期申报抵扣"数据之和。

B. 第2栏"其中：本期认证相符且本期申报抵扣"：反映本期认证相符且本期申报抵扣的增值税专用发票的情况。本栏是第1栏的其中数，本栏只填写本期认证相符且本期申报抵扣的部分。适用取消增值税发票认证规定的纳税人，当期申报抵扣的增值税发票数据，也填报在本栏中。

C. 第3栏"前期认证相符且本期申报抵扣"：反映前期认证相符且本期申报抵扣的增值税专用发票的情况。辅导期纳税人依据税务机关告知的稽核比对结果通知书及明细清单注明的稽核相符的增值税专用发票填写本栏。本栏是第1栏的其中数，只填写前期认证相符且本期申报抵扣的部分。

D. 第4栏"（二）其他扣税凭证"：反映本期申报抵扣的除增值税专用发票之外的其他扣税凭证的情况。具体包括：海关进口增值税专用缴款书、农产品收购发票或者销售发票（含农产品核定扣除的进项税额）、代扣代缴税收完税凭证和其他符合政策规定的抵扣凭证。该栏应等于第5至第8栏之和。

E. 第5栏"海关进口增值税专用缴款书"：反映本期申报抵扣的海关进口增值税专用缴款书的情况。按规定执行海关进口增值税专用缴款书先比对后抵扣的，纳税人需依据税务机关告知的稽核比对结果通知书及明细清单注明的稽核相符的海关进口增值税专用缴款书填写本栏。

F. 第6栏"农产品收购发票或者销售发票"：反映本期申报抵扣的农产品收购发票和农产品销售普通发票的情况。执行农产品增值税进项税额核定扣除办法的，填写当期允许抵扣的农产品增值税进项税额，不填写"份数""金额"。

G. 第7栏"代扣代缴税收缴款凭证"：填写本期按规定准予抵扣的完税凭证上注明的增值税额。

H. 第8栏"其他"：反映按规定本期可以申报抵扣的其他扣税凭证情况。

纳税人按照规定不得抵扣且未抵扣进项税额的固定资产、无形资产和不动产，发生用途改变，用于允许抵扣进项税额的应税项目，可在用途改变的次月将按公式计算出的可以抵扣的进项税额，填入"税额"栏。

I. 第9栏"（三）本期用于购建不动产的扣税凭证"：反映按规定本期用于购建不动产并适用分2年抵扣规定的扣税凭证上注明的金额和税额。购建不动产是指纳税人2016年5月1日后取得并在会计制度上按固定资产核算的不动产或者2016年5月1日后取得的不动产在建工程。

取得不动产，包括以直接购买、接受捐赠、接受投资入股、自建和抵债等各种形式取得不动产，不包括房地产开发企业自行开发的房地产项目。

本栏次包括第1栏中本期用于购建不动产的增值税专用发票和第4栏中本期用于购建不

动产的其他扣税凭证。

本栏"金额""税额"<第 1 栏＋第 4 栏且本栏"金额""税额"≥0。

纳税人按照规定不得抵扣且未抵扣进项税额的不动产,发生用途改变,用于允许抵扣进项税额的应税项目,可在用途改变的次月将按公式计算出的可以抵扣的进项税额填入"税额"栏。

本栏"税额"列＝《增值税纳税申报表附列资料(五)》第 2 列"本期不动产进项税额增加额"。

J. 第 10 栏"(四)本期不动产允许抵扣进项税额":反映按规定本期实际申报抵扣的不动产进项税额。

本栏"税额"列＝《增值税纳税申报表附列资料(五)》第 3 列"本期可抵扣不动产进项税额"。

K. 第 11 栏"(五)外贸企业进项税额抵扣证明":填写本期申报抵扣的税务机关出口退税部门开具的《出口货物转内销证明》列明允许抵扣的进项税额。

L. 第 12 栏"当期申报抵扣进项税额合计":反映本期申报抵扣进项税额的合计数。按表中所列公式计算填写。

(3) 第 13 至第 23 栏"二、进项税额转出额"各栏:分别反映纳税人已经抵扣但按规定应在本期转出的进项税额明细情况。

A. 第 13 栏"本期进项税额转出额":反映已经抵扣但按规定应在本期转出的进项税额合计数。按表中所列公式计算填写。

B. 第 14 栏"其中:免税项目用":反映用于免征增值税项目,按规定应在本期转出的进项税额。

C. 第 15 栏"集体福利、个人消费":反映用于集体福利或者个人消费,按规定应在本期转出的进项税额。

D. 第 16 栏"非正常损失":反映纳税人发生非正常损失,按规定应在本期转出的进项税额。

E. 第 17 栏"简易计税方法征税项目用":反映用于按简易计税方法征税项目,按规定应在本期转出的进项税额。

营业税改征增值税的纳税人,服务、不动产和无形资产按规定汇总计算缴纳增值税的分支机构,当期应由总机构汇总的进项税额也填入本栏。

F. 第 18 栏"免抵退税办法不得抵扣的进项税额":反映按照免抵退税办法的规定,由于征税税率与退税税率存在税率差,在本期应转出的进项税额。

G. 第 19 栏"纳税检查调减进项税额":反映税务、财政、审计部门检查后而调减的进项税额。

H. 第 20 栏"红字专用发票信息表注明的进项税额":填写主管税务机关开具的《开具红字增值税专用发票信息表》注明的在本期应转出的进项税额。

I. 第 21 栏"上期留抵税额抵减欠税":填写本期经税务机关同意,使用上期留抵税额抵减欠税的数额。

J. 第 22 栏"上期留抵税额退税":填写本期经税务机关批准的上期留抵税额退税额。

K. 第 23 栏"其他应作进项税额转出的情形":反映除上述进项税额转出情形外,其他应在本期转出的进项税额。

(4) 第 24 至第 34 栏"三、待抵扣进项税额"各栏:分别反映纳税人已经取得,但按税法规定不符合抵扣条件,暂不予在本期申报抵扣的进项税额情况,以及按税法规定不允许抵扣的进项税额情况。

A. 第 24 至第 28 栏均为增值税专用发票的情况。

a. 第 25 栏"期初已认证相符但未申报抵扣":反映前期认证相符,但按照税法规定暂不予抵扣及不允许抵扣,结存至本期的增值税专用发票情况。辅导期纳税人填写认证相符但未收到稽核比对结果的增值税专用发票期初情况。

b. 第 26 栏"本期认证相符且本期未申报抵扣":反映本期认证相符,但按税法规定暂不予抵扣及不允许抵扣,而未申报抵扣的增值税专用发票情况。辅导期纳税人填写本期认证相符但未收到稽核比对结果的增值税专用发票情况。

c. 第 27 栏"期末已认证相符但未申报抵扣":反映截至本期期末,按照税法规定仍暂不予抵扣及不允许抵扣且已认证相符的增值税专用发票情况。辅导期纳税人填写截至本期期末已认证相符但未收到稽核比对结果的增值税专用发票期末情况。

d. 第 28 栏"其中:按照税法规定不允许抵扣":反映截至本期期末已认证相符但未申报抵扣的增值税专用发票中,按照税法规定不允许抵扣的增值税专用发票情况。

B. 第 29 栏"(二)其他扣税凭证":反映截至本期期末仍未申报抵扣的除增值税专用发票之外的其他扣税凭证情况。具体包括:海关进口增值税专用缴款书、农产品收购发票或者销售发票、代扣代缴税收缴款凭证和其他符合政策规定的抵扣凭证。该栏应等于第 30 至第 33 栏之和。

C. 第 30 栏"海关进口增值税专用缴款书":反映已取得但截至本期期末仍未申报抵扣的海关进口增值税专用缴款书情况,包括纳税人未收到稽核比对结果的海关进口增值税专用缴款书情况。

D. 第 31 栏"农产品收购发票或者销售发票":反映已取得但截至本期期末仍未申报抵扣的农产品收购发票和农产品销售普通发票情况。

E. 第 32 栏"代扣代缴税收缴款凭证":反映已取得但截至本期期末仍未申报抵扣的代扣代缴税收完税凭证情况。

F. 第 33 栏"其他":反映已取得但截至本期期末仍未申报抵扣的其他扣税凭证的情况。

(5) 第 35 至第 36 栏"四、其他"各栏。

A. 第 35 栏"本期认证相符的增值税专用发票":反映本期认证相符的增值税专用发票的情况。

B. 第 36 栏"代扣代缴税额":填写纳税人根据《中华人民共和国增值税暂行条例》第十八条扣缴的应税劳务增值税额与根据营业税改征增值税有关政策规定扣缴的服务、不动产和无形资产增值税额之和。

此外,简并税率后,《增值税纳税申报表附列资料(二)》(本期进项税额明细)填写说明的调整事项如下:

第一,第(2)项第 A 至第 C 点及第(4)项第 B 至第 E 点中涉及的增值税专用发票均不包含从小规模纳税人处购进农产品时取得的专用发票,但购进农产品未分别核算用于生产销售 16% 税率货物和其他货物服务的农产品进项税额情况除外。

第二,第(2)项第 D 点修改为:第 4 栏"(二)其他扣税凭证":反映本期申报抵扣的除增值税专用发票之外的其他扣税凭证的情况。具体包括:海关进口增值税专用缴款书、农产品收购发票或者销售发票(含农产品核定扣除的进项税额)、代扣代缴税收完税凭证、加计扣除农产品进项税额和其他符合政策规定的抵扣凭证。该栏应等于第5至第8b栏之和。

第三,第(2)项第F点修改为:第6栏"农产品收购发票或者销售发票":反映纳税人本期购进农业生产者自产农产品取得(开具)的农产品销售发票或收购发票及从小规模纳税人处购进农产品时取得增值税专用发票情况。

$$\text{"税额"栏} = \frac{\text{农产品销售发票或者收购}}{\text{发票上注明的农产品买价}} \times 10\% + \frac{\text{增值税专用发票}}{\text{上注明的金额}} \times 10\%$$

上述公式中的"增值税专用发票"是指纳税人从小规模纳税人处购进农产品时取得的专用发票。

执行农产品增值税进项税额核定扣除办法的,填写当期允许抵扣的农产品增值税进项税额,不填写"份数""金额"。

第四,第(2)项第H点中的"第8栏"修改为"第8b栏"。

第五,第(2)项增加第L点,内容如下:

第8a栏"加计扣除农产品进项税额":填写纳税人将购进的农产品用于生产销售或委托受托加工16%税率货物时,为维持原农产品扣除力度不变加计扣除的农产品进项税额。该栏不填写"份数""金额"。

第六,第(2)项第I点钩稽关系公式中"……<第1栏+第4栏……"修改为"……≤第1栏+第4栏……"。

第七,第(4)项第D点修改为:第31栏"农产品收购发票或者销售发票":反映已取得但截至本期期末仍未申报抵扣的农产品收购发票、农产品销售普通发票和从小规模纳税人处购进农产品时取得增值税专用发票情况。

4.《增值税纳税申报表附列资料(三)(服务、不动产和无形资产扣除项目明细)》(见表1-4)。

表1-4 增值税纳税申报表附列资料(三)
(服务、不动产和无形资产扣除项目明细)
税款所属时间:　　年　月　日至　　年　月　日

纳税人名称:(公章)　　　　　　　　　　　　　　　　　　　　金额单位:元至角分

项目及栏次		本期服务、不动产和无形资产价税合计额(免税销售额)	服务、不动产和无形资产扣除项目				
			期初余额	本期发生额	本期应扣除金额	本期实际扣除金额	期末余额
		1	2	3	4=2+3	5(5≤1且5≤4)	6=4-5
16%税率的项目	1						
10%税率的项目	2						
6%税率的项目(不含金融商品转让)	3						
6%税率的金融商品转让项目	4						
5%征收率的项目	5						
3%征收率的项目	6						
免抵退税的项目	7						
免税的项目	8						

填报说明：

（1）本表由服务、不动产和无形资产有扣除项目的营业税改征增值税纳税人填写。其他纳税人不填写。

（2）"税款所属时间""纳税人名称"的填写同主表。

（3）第1列"本期服务、不动产和无形资产价税合计额（免税销售额）"：营业税改征增值税的服务、不动产和无形资产属于征税项目的，填写扣除之前的本期服务、不动产和无形资产价税合计额；营业税改征增值税的服务、不动产和无形资产属于免抵退税或免税项目的，填写扣除之前的本期服务、不动产和无形资产免税销售额。本列各行次等于《增值税纳税申报表附列资料（一）》第11列对应行次，其中本列第3行和第4行之和等于《增值税纳税申报表附列资料（一）》第11列第5栏。

营业税改征增值税的纳税人，服务、不动产和无形资产按规定汇总计算缴纳增值税的分支机构，本列各行次之和等于《增值税纳税申报表附列资料（一）》第11列第13a、第13b行之和。

（4）第2列"服务、不动产和无形资产扣除项目""期初余额"：填写服务、不动产和无形资产扣除项目上期期末结存的金额，试点实施之日的税款所属期填写"0"。本列各行次等于上期《增值税纳税申报表附列资料（三）》第6列对应行次。

本列第4行"6%税率的金融商品转让项目""期初余额"年初首期填报时应填"0"。

（5）第3列"服务、不动产和无形资产扣除项目""本期发生额"：填写本期取得的按税法规定准予扣除的服务、不动产和无形资产扣除项目金额。

（6）第4列"服务、不动产和无形资产扣除项目""本期应扣除金额"：填写服务、不动产和无形资产扣除项目本期应扣除的金额。

本列各行次＝第2列对应各行次＋第3列对应各行次。

（7）第5列"服务、不动产和无形资产扣除项目""本期实际扣除金额"：填写服务、不动产和无形资产扣除项目本期实际扣除的金额。

本列各行次≤第4列对应各行次且本列各行次≤第1列对应各行次。

（8）第6列"服务、不动产和无形资产扣除项目""期末余额"：填写服务、不动产和无形资产扣除项目本期期末结存的金额。

本列各行次＝第4列对应各行次－第5列对应各行次。

5.《增值税纳税申报表附列资料（四）（税额抵减情况表）》（见表1-5）。

表1-5　增值税纳税申报表附列资料（四）

（税额抵减情况表）

税款所属时间：　　年　月　日至　　年　月　日

纳税人名称：（公章）　　　　　　　　　　　　　　　　　　金额单位：元至角分

序号	抵减项目	期初余额	本期发生额	本期应抵减税额	本期实际抵减税额	期末余额
		1	2	3＝1＋2	4≤3	5＝3－4
1	增值税税控系统专用设备费及技术维护费					
2	分支机构预征缴纳税款					
3	建筑服务预征缴纳税款					
4	销售不动产预征缴纳税款					
5	出租不动产预征缴纳税款					

填报说明:

(1) 本表第1行由发生增值税税控系统专用设备费用和技术维护费的纳税人填写,反映纳税人增值税税控系统专用设备费用和技术维护费按规定抵减增值税应纳税额的情况。

(2) 本表第2行由营业税改征增值税纳税人,服务、不动产和无形资产按规定汇总计算缴纳增值税的总机构填写,反映其分支机构预征缴纳税款抵减总机构应纳增值税额的情况。

(3) 本表第3行由销售建筑服务并按规定预缴增值税的纳税人填写,反映其销售建筑服务预征缴纳税款抵减应纳增值税额的情况。

(4) 本表第4行由销售不动产并按规定预缴增值税的纳税人填写,反映其销售不动产预征缴纳税款抵减应纳增值税额的情况。

(5) 本表第5行由出租不动产并按规定预缴增值税的纳税人填写,反映其出租不动产预征缴纳税款抵减应纳增值税额的情况。

未发生上述业务的纳税人不填写本表。

6.《增值税纳税申报表附列资料(五)(不动产分期抵扣计算表)》(见表1-6)。

表1-6 增值税纳税申报表附列资料(五)

(不动产分期抵扣计算表)

税款所属时间:　　　年 月 日至　　　年 月 日

纳税人名称:(公章)　　　　　　　　　　　　　　　　　　金额单位:元至角分

期初待抵扣不动产进项税额	本期不动产进项税额增加额	本期可抵扣不动产进项税额	本期转入的待抵扣不动产进项税额	本期转出的待抵扣不动产进项税额	期末待抵扣不动产进项税额
1	2	$3 \leqslant 1+2+4$	4	$5 \leqslant 1+4$	$6=1+2-3+4-5$

填报说明:

(1) 本表由分期抵扣不动产进项税额的纳税人填写。

(2) "税款所属时间""纳税人名称"的填写同主表。

(3) 第1列"期初待抵扣不动产进项税额":填写纳税人上期期末待抵扣不动产进项税额。

(4) 第2列"本期不动产进项税额增加额":填写本期取得的符合税法规定的不动产进项税额。

(5) 第3列"本期可抵扣不动产进项税额":填写符合税法规定可以在本期抵扣的不动产进项税额。

(6) 第4列"本期转入的待抵扣不动产进项税额":填写按照税法规定本期应转入的待抵扣不动产进项税额。

本列数≤《增值税纳税申报表附列资料(二)》第23栏"税额"。

(7) 第5列"本期转出的待抵扣不动产进项税额":填写按照税法规定本期应转出的待抵扣不动产进项税额。

(8) 第6列"期末待抵扣不动产进项税额":填写本期期末尚未抵扣的不动产进项税额,按表中公式填写。

7.《增值税减免税申报明细表》(见表 1-7)。

表 1-7　增值税减免税申报明细表

税款所属时间：自　　年　月　日至　　年　月　日

纳税人名称：(公章)　　　　　　　　　　　　　　　　　　　　　　金额单位：元至角分

一、减税项目						
减税性质代码及名称	栏次	期初余额	本期发生额	本期应抵减税额	本期实际抵减税额	期末余额
		1	2	3=1+2	4≤3	5=3-4
合计	1					
	2					
	3					
	4					
	5					
	6					
二、免税项目						
免税性质代码及名称	栏次	免征增值税项目销售额	免税销售额扣除项目本期实际扣除金额	扣除后免税销售额	免税销售额对应的进项税额	免税额
		1	2	3=1-2	4	5
合　计	7					
出口免税	8		—	—	—	—
其中:跨境服务	9		—	—	—	—
	10					
	11					
	12					
	13					
	14					
	15					
	16					

填报说明：

(1) 本表由享受增值税减免税优惠政策的增值税一般纳税人和小规模纳税人填写。仅享受月销售额不超过 3 万元(按季纳税 9 万元)免征增值税政策或未达起征点的增值税小规模纳税人不需填报本表，即小规模纳税人当期《增值税纳税申报表》主表第 12 栏"其他免税销售额""本期数"和第 16 栏"本期应纳税额减征额""本期数"均无数据时,不需填报本表。

(2)"税款所属时间""纳税人名称"的填写同《增值税纳税申报表》主表。

(3)"一、减税项目"由本期按照税收法律、法规及国家有关税收规定享受减征(包含税额式减征、税率式减征)增值税优惠的纳税人填写。

A."减税性质代码及名称"：根据国家税务总局最新发布的《减免性质及分类表》所列减免性质代码、项目名称填写。同时有多个减征项目的,应分别填写。

B. 第 1 列"期初余额"：填写应纳税额减征项目上期"期末余额",为对应项目上期应抵减而不足抵减的余额。

C. 第 2 列"本期发生额"：填写本期发生的按照规定准予抵减增值税应纳税额的金额。

D. 第3列"本期应抵减税额"：填写本期应抵减增值税应纳税额的金额。本列按表中所列公式填写。

E. 第4列"本期实际抵减税额"：填写本期实际抵减增值税应纳税额的金额。本列各行≤第3列对应各行。

a. 一般纳税人填写时，第1行"合计"本列数＝《增值税纳税申报表》主表第23行"一般项目"列"本月数"。

b. 小规模纳税人填写时，第1行"合计"本列数＝《增值税纳税申报表》主表第16行"本期应纳税额减征额""本期数"。

F. 第5列"期末余额"：按表中所列公式填写。

（4）"二、免税项目"由本期按照税收法律、法规及国家有关税收规定免征增值税的纳税人填写。仅享受小微企业免征增值税政策或未达起征点的小规模纳税人不需填写，即《增值税纳税申报表》主表第12栏"其他免税销售额""本期数"无数据时，小规模纳税人不需填写本栏。

A. "免税性质代码及名称"：根据国家税务总局最新发布的《减免性质及分类表》所列减免性质代码、项目名称填写。同时有多个免税项目的，应分别填写。

B. "出口免税"填写纳税人本期按照税法规定出口免征增值税的销售额，但不包括适用免抵退税办法出口的销售额。小规模纳税人不填写本栏。

C. 第1列"免征增值税项目销售额"：填写纳税人免税项目的销售额。免税销售额按照有关规定允许从取得的全部价款和价外费用中扣除价款的，应填写扣除之前的销售额。

a. 一般纳税人填写时，本列"合计"等于《增值税纳税申报表》主表第8行"一般项目"列"本月数"。

b. 小规模纳税人填写时，本列"合计"等于《增值税纳税申报表》主表第12行"其他免税销售额""本期数"。

D. 第2列"免税销售额扣除项目本期实际扣除金额"：免税销售额按照有关规定允许从取得的全部价款和价外费用中扣除价款的，据实填写扣除金额；无扣除项目的，本列填写"0"。

E. 第3列"扣除后免税销售额"：按表中所列公式填写。

F. 第4列"免税销售额对应的进项税额"：本期用于增值税免税项目的进项税额。小规模纳税人不填写本列，一般纳税人按下列情况填写：

a. 纳税人兼营应税和免税项目的，按当期免税销售额对应的进项税额填写。

b. 纳税人本期销售收入全部为免税项目，且当期取得合法扣税凭证的，按当期取得的合法扣税凭证注明或计算的进项税额填写。

c. 当期未取得合法扣税凭证的，纳税人可根据实际情况自行计算免税项目对应的进项税额；无法计算的，本栏次填"0"。

G. 第5列"免税额"：一般纳税人和小规模纳税人分别按下列公式计算填写，且本列各行数应大于或等于0。

a. 一般纳税人公式：第5列"免税额"≤第3列"扣除后免税销售额"×适用税率－第4列"免税销售额对应的进项税额"。

b. 小规模纳税人公式：第5列"免税额"＝第3列"扣除后免税销售额"×征收率。

8.《营改增税负分析测算明细表》（见表1-8）。

表1-8　营改增税负分析测算明细表

税款所属时间：　年　月　日至　年　月　日

纳税人名称：(公章)　　　　　　　　　　　　　　　　　　金额单位：元至角分

项目及栏次		增值税				扣除后		增值税应纳税额(测算)	营业税						
应税项目代码及名称	增值税税率或征收率 / 营业税税率	不含税销售额	销项(应纳)税额	价税合计	服务、不动产和无形资产扣除项目本期实际扣除金额	含税销售额	销项(应纳)税额		原营业税税制下服务、不动产和无形资产差额扣除项目					应税营业额	营业税应纳税额
									期初余额	本期发生额	本期应扣除金额	本期实际扣除金额	期末余额		
	— / —	1	2=1×增值税税率或征收率	3=1+2	4	5=3-4	6=5÷(100%+增值税税率或征收率)×增值税税率或征收率	7	8	9	10=8+9	11(11≤3且11≤10)	12=10-11	13=3-11	14=13×营业税税率
合计	—														

填报说明：

(1) 本表中"税款所属时间""纳税人名称"的填写同《增值税纳税申报表》主表。

(2) 各列填写说明。

A. "应税项目代码及名称"：根据《营改增试点应税项目明细表》所列项目代码及名称填写，同时有多个项目的，应分项目填写。

B. "增值税税率或征收率"：根据各项目适用的增值税税率或征收率填写。

C. "营业税税率"：根据各项目在原营业税税制下适用的原营业税税率填写。

D. 第1列"不含税销售额"：反映纳税人当期对应项目不含税的销售额(含即征即退项目)，包括开具增值税专用发票、开具其他发票、未开具发票、纳税检查调整的销售额，纳税人所填项目享受差额征税政策的，本列应填写差额扣除之前的销售额。

E. 第2列"销项(应纳)税额"：反映纳税人根据当期对应项目不含税的销售额计算出的销项税额或应纳税额(简易征收)。

本列各行次＝第1列对应各行次×增值税税率或征收率。

F. 第3列"价税合计"：反映纳税人当期对应项目的价税合计数。

本列各行次＝第1列对应各行次＋第2列对应各行次。

G. 第4列"服务、不动产和无形资产扣除项目本期实际扣除金额"：纳税人销售服务、不动产和无形资产享受差额征税政策的，应填写对应项目当期实际差额扣除的金额。不享受差额征税政策的填"0"。

H. 第5列"扣除后""含税销售额"：纳税人销售服务、不动产和无形资产享受差额征税政策的，应填写对应项目差额扣除后的含税销售额。

本列各行次＝第3列对应各行次－第4列对应各行次。

I. 第6列"扣除后""销项(应纳)税额"：反映纳税人按现行增值税规定，分项目的增值税销项(应纳)税额，按以下要求填写。

a. 销售服务、不动产和无形资产按照一般计税方法计税的：

本列各行次＝第5列对应各行次÷(100％＋对应行次增值税税率)×对应行次增值税税率。

b. 销售服务、不动产和无形资产按照简易计税方法计税的：

本列各行次＝第5列对应各行次÷(100％＋对应行次增值税征收率)×对应行次增值税征收率。

J. 第7列"增值税应纳税额(测算)"：反映纳税人按现行增值税规定，测算出的对应项目的增值税应纳税额。

a. 销售服务、不动产和无形资产按照一般计税方法计税的：

本列各行次＝第6列对应各行次÷《增值税纳税申报表》主表第11栏"销项税额""一般项目"和"即征即退项目""本月数"之和×《增值税纳税申报表》主表第19栏"应纳税额""一般项

目"和"即征即退项目""本月数"之和。

b. 销售服务、不动产和无形资产按照简易计税方法计税的：

本列各行次＝第6列对应各行次。

K. 第8列"原营业税税制下服务、不动产和无形资产差额扣除项目""期初余额"：填写按原营业税规定，服务、不动产和无形资产差额扣除项目上期期末结存的金额，试点实施之日的税款所属期填写"0"。本列各行次等于上期本表第12列对应行次。

L. 第9列"原营业税税制下服务、不动产和无形资产差额扣除项目""本期发生额"：填写按原营业税规定，本期取得的准予差额扣除的服务、不动产和无形资产差额扣除项目金额。

M. 第10列"原营业税税制下服务、不动产和无形资产差额扣除项目""本期应扣除金额"：填写按原营业税规定，服务、不动产和无形资产差额扣除项目本期应扣除的金额。

本列各行次＝第8列对应各行次＋第9列对应各行次。

N. 第11列"原营业税税制下服务、不动产和无形资产差额扣除项目""本期实际扣除金额"：填写按原营业税规定，服务、不动产和无形资产差额扣除项目本期实际扣除的金额。

a. 当第10列各行次≤第3列对应行次时：

本列各行次＝第10列对应各行次。

b. 当第10列各行次＞第3列对应行次时：

本列各行次＝第3列对应各行次。

O. 第12列"原营业税税制下服务、不动产和无形资产差额扣除项目""期末余额"：填写按原营业税规定，服务、不动产和无形资产差额扣除项目本期期末结存的金额。

本列各行次＝第10列对应各行次－第11列对应各行次。

P. 第13列"应税营业额"：反映纳税人按原营业税规定，对应项目的应税营业额。

本列各行次＝第3列对应各行次－第11列对应各行次。

Q. 第14列"营业税应纳税额"：反映纳税人按原营业税规定，计算出的对应项目的营业税应纳税额。

本列各行次＝第13列对应各行次×对应行次营业税税率。

(3) 行次填写说明。

A. "合计"行：本行各栏为对应栏次的合计数。

本行第3列"价税合计"＝《增值税纳税申报表附列资料(一)》第11列"价税合计"第2行＋第4行＋第5行＋第9b行＋第12行＋第13a行＋第13b行。

本行第4列"服务、不动产和无形资产扣除项目本期实际扣除金额"＝《增值税纳税申报表附列资料(一)》第12列"服务、不动产和无形资产扣除项目本期实际扣除金额"第2行＋第4行＋第5行＋第9b行＋第12行＋第13a行＋第13b行。

B. 其他行次根据纳税人实际发生业务分项目填写。

9.《增值税纳税申报表(小规模纳税人适用)》及其附列资料①(见表1-9和表1-10)。

表1-9 增值税纳税申报表

(小规模纳税人适用)

纳税人识别号：

纳税人名称(公章)：　　　　　　　　　　　　　　　　　　　金额单位：元至角分

税款所属期：　年　月　日至　年　月　日　　　　　填表日期：　年　月　日

项目		栏次	本期数		本年累计	
			货物及劳务	服务、不动产和无形资产	货物及劳务	服务、不动产和无形资产
一、计税依据	(一)应征增值税不含税销售额(3%征收率)	1				
	税务机关代开的增值税专用发票不含税销售额	2				
	税控器具开具的普通发票不含税销售额	3				
	(二)应征增值税不含税销售额(5%征收率)	4	—		—	
	税务机关代开的增值税专用发票不含税销售额	5	—		—	
	税控器具开具的普通发票不含税销售额	6	—		—	
	(三)销售使用过的固定资产不含税销售额	7(7≥8)		—		—
	其中：税控器具开具的普通发票不含税销售额	8		—		—
	(四)免税销售额	9=10+11+12				
	其中：小微企业免税销售额	10				
	未达起征点销售额	11				
	其他免税销售额	12				
	(五)出口免税销售额	13(13≥14)				
	其中：税控器具开具的普通发票销售额	14				
二、税款计算	本期应纳税额	15				
	本期应纳税额减征额	16				
	本期免税额	17				
	其中：小微企业免税额	18				
	未达起征点免税额	19				
	应纳税额合计	20=15-16				
	本期预缴税额	21			—	—
	本期应补(退)税额	22=20-21			—	—

---

① 实验项目1-1的会计主体为一般纳税人,其仅需填制《增值税纳税申报表(一般纳税人适用)》及其附列资料,为了让读者了解小规模纳税人的增值税申报情况,本书在此也列示了《增值税纳税申报表(小规模纳税人适用)》及其附列资料,仅供读者参考使用。

（续表）

纳税人或代理人声明：	如纳税人填报，由纳税人填写以下各栏：	
本纳税申报表是根据国家税收法律法规及相关规定填报的，我确定它是真实的、可靠的、完整的。	办税人员：　　　　　　　财务负责人：	
	法定代表人：　　　　　　联系电话：	
	如委托代理人填报，由代理人填写以下各栏：	
	代理人名称（公章）：　　　经办人：	
	联系电话：	

主管税务机关：　　　　　　　　　　接收人：　　　　　　　　　　接收日期：

表1-10　增值税纳税申报表（小规模纳税人适用）附列资料

税款所属期：　年 月 日至　年 月 日　　　　　　　　　　填表日期：　年 月 日

纳税人名称（公章）：　　　　　　　　　　　　　　　　　金额单位：元至角分

应税行为（3%征收率）扣除额计算			
期初余额	本期发生额	本期扣除额	期末余额
1	2	3（3≤1+2之和，且3≤5）	4=1+2-3

应税行为（3%征收率）计税销售额计算			
全部含税收入（适用3%征收率）	本期扣除额	含税销售额	不含税销售额
5	6=3	7=5-6	8=7÷1.03

应税行为（5%征收率）扣除额计算			
期初余额	本期发生额	本期扣除额	期末余额
9	10	11（11≤9+10之和，且11≤13）	12=9+10-11

应税行为（5%征收率）计税销售额计算			
全部含税收入（适用5%征收率）	本期扣除额	含税销售额	不含税销售额
13	14=11	15=13-14	16=15÷1.05

实验项目1-2　建筑企业增值税会计实验

一、实验目的

通过建筑企业增值税会计实验，学生应掌握建筑企业增值税会计一般计税方法、简易计税方法和税务会计处理方法；掌握建筑企业增值税会计核算和申报特点，如跨县市承包工程增值税申报方法、分包工程增值税申报方法、增值税预缴申报和缴纳、增值税月度申报及会计处理等。

二、实验资料

1. 浙江杭峰建筑有限公司为增值税一般纳税人,增值税税率为 10%,简易计税征收率为 3%,纳税人识别号为 91330111050236516M,注册地址为杭州市下城区下河路 105 号,法定代表人为张元,开户银行为工行杭州市分行开发区支行,账号为 3302000012480851786,电话为 0571-25688688。

2. 2018 年 8 月末,该公司增值税留抵税额为 3 万元。

3. 2018 年 9 月,该公司发生下列与增值税有关的经济业务:

业务 1　3 日,购买钢材等建筑材料,用于承包本区 A 公司商务大楼工程,取得的增值税专用发票上注明的金额为 2 700 000 元、增值税额为 432 000 元,采用银行汇票方式结算价、税款。该建筑材料当日入库。

业务 2　15 日,购入水泥等建筑材料,分别用于 A 公司商务大楼工程和本区 B 公司办公楼工程,取得的增值税专用发票上注明的金额为 2 000 000 元、增值税额为 320 000 元。该建筑材料尚未验收入库。

业务 3　17 日,支付上述水泥建筑材料运输费 100 000 元、增值税额 10 000 元,以及装卸费 2 000 元、增值税额 120 元,取得增值税专用发票。该建筑材料当日验收入库。

业务 4　20 日,收到 A 公司工程款 4 000 000 元(含税收入),存入银行。

业务 5　25 日,向 P 房地产有限公司购入一套房屋,作办公之用,不含税价为 150 万元,增值税额为 15 万元,取得 P 房地产有限公司开具的增值税专用发票,签发转账支票支付,并取得产权证书。

业务 6　30 日,向 A 公司结算本月工程款 8 325 000 元(含税收入),并开具增值税专用发票。承包 B 公司办公楼工程,向 B 公司结算工程款 3 000 000 元(含税收入),并开具增值税专用发票,应付宏达公司分包工程款 800 000 元(含税收入),同日支付分包工程款 800 000 元(含税收入),取得增值税专用发票。

业务 7　30 日,承包外市(海丰县)H 公司 2 号仓库建筑工程,该工程的《建筑工程施工许可证》注明的合同开工日期在 2016 年 4 月 30 日前、地址海丰县长新镇迎宫街 56 号的建筑工程项目。采用简易计税方式,本月取得工程价款含税收入 2 000 000 元,其中分包单位完成含税工程款 300 000 元,支付分包单位含税工程款 300 000 元,并取得增值税专用发票。购买并入库的建筑材料的价为 1 000 000 元,增值税额为 160 000 元,取得增值税专用发票。

业务 8　30 日,承包外市(建林市)K 公司 1 号厂房建筑工程,该工程的《建筑工程施工许可证》注明的合同开工日期为 2018 年 5 月 10 日、地址为建林市东栅路 256 号。本月取得的工程价款含税收入为 1 000 000 元,其中分包单位完成含税工程款 200 000 元,支付分包单位含税工程款 200 000 元,并取得增值税专用发票。购入并入库的建筑材料的价款为 300 000 元,增值税额为 48 000 元,取得增值税专用发票。

业务 9　30 日,承包甲方供料的本地 M 公司商务大厦装饰工程(简称甲供工程),本月取得的含税工程价款 597 400 元,开具增值税专用发票。当日收到工程款 300 000 元,存入银行。该公司增值税采用简易计税方法。

业务 10　30 日,出售其 2016 年 4 月 30 日前购入的房产一套给长林有限公司,取得含税收入 200 万元,房产购入原价为 137 万元,已提折旧为 20 万元,建筑面积为 150 平方米,房地产权证书为房地产权杭字第265003号。坐落地为杭州市上城区中兴路53号天园小区3-405。该公司选择简易计税方法,开具增值税专用发票。

业务 11 30日,本月A公司商务大楼工程和B公司办公楼工程耗用水电费,取得的水费增值税发票上注明的金额为3 000元、增值税额为300元,取得电费增值税专用发票上注明的金额为8 000元、增值税额为1 280元。

业务 12 30日,以银行存款预缴跨县(市)提供建筑服务应纳增值税。

三、实验要求

(一)分别为业务6的A公司商务大楼建筑工程和业务7的H公司2号仓库建筑工程开具建筑服务增值税专用发票。

1. 开具业务6的增值税专用发票。

开票资料: 购买方:

单位名称:A公司

纳税人识别号:91330140025334629E

地址、电话:杭州市松北路245号 0571-20892666

开户银行及账号:工行杭州市分行城北支行,3301400002117412189

建筑服务发生地:杭州市下城区环城北路1256号

项目名称:商务大楼

业务 6

原始凭证 6-3-1

3300105128	浙江省增值税专用发票	№00069831

此联不作报销、扣税凭证使用

开票日期:　年　月　日

购买方	名　　称:					密码区	(略)
	纳税人识别号:						
	地　址、电话:						
	开户银行账号:						

货物或应税劳务、服务名称	规格型号	单位	数量	单价	金额	税率	税额
合计							

价税合计(大写)		(小写)

销售单位	名　　称:		备注	
	纳税人识别号:			
	地　址、电话:			
	开户银行账号:			

收款人:	复核:	开票人:	销售方:(章)

第一联:记账联 销售方记账凭证

原始凭证 6-3-2

3300105128	浙江省增值税专用发票	№00069831

抵　扣　联

开票日期：　年　月　日

<table>
<tr><td rowspan="4">购买方</td><td>名　　　称：</td><td rowspan="4">密码区</td><td rowspan="4">（略）</td></tr>
<tr><td>纳税人识别号：</td></tr>
<tr><td>地　址、电　话：</td></tr>
<tr><td>开户银行账号：</td></tr>
</table>

货物或应税劳务、服务名称	规格型号	单位	数量	单价	金额	税率	税额
合　　计							

价税合计（大写）		（小写）

<table>
<tr><td rowspan="4">销售单位</td><td>名　　　称：</td><td rowspan="4">备注</td></tr>
<tr><td>纳税人识别号：</td></tr>
<tr><td>地　址、电　话：</td></tr>
<tr><td>开户银行账号：</td></tr>
</table>

收款人：　　　复核：　　　开票人：　　　销售方：（章）

第二联：抵扣联　购买方记账凭证

原始凭证 6-3-3

3300105128	浙江省增值税专用发票	№00069831

发　票　联

开票日期：　年　月　日

<table>
<tr><td rowspan="4">购买方</td><td>名　　　称：</td><td rowspan="4">密码区</td><td rowspan="4">（略）</td></tr>
<tr><td>纳税人识别号：</td></tr>
<tr><td>地　址、电　话：</td></tr>
<tr><td>开户银行账号：</td></tr>
</table>

货物或应税劳务、服务名称	规格型号	单位	数量	单价	金额	税率	税额
合　　计							

价税合计（大写）		（小写）

<table>
<tr><td rowspan="4">销售单位</td><td>名　　　称：</td><td rowspan="4">备注</td></tr>
<tr><td>纳税人识别号：</td></tr>
<tr><td>地　址、电　话：</td></tr>
<tr><td>开户银行账号：</td></tr>
</table>

收款人：　　　复核：　　　开票人：　　　销售方：（章）

第三联：发票联　购买方记账凭证

2. 开具业务 7 的增值税专用发票。

开票资料： 购买方：

        单位名称：H 公司

        纳税人识别号：91330158600217236F

        地址、电话：海丰县城关镇城南路 32 号 0589-20312222

        开户银行及账号：建行海丰县分行宏州支行，4301400002688870019

        建筑服务发生地：海丰县城关镇城南路 32 号

        项目名称：2 号仓库

业务 7

原始凭证 7-3-1

3300105128	浙江省增值税专用发票	№ 00069832

此联不作报销、扣税凭证使用

开票日期：　　年　月　日

购买方	名　　称： 纳税人识别号： 地 址 、电 话： 开户银行账号：				密码区	（略）		
货物或应税劳务、服务名称	规格型号	单位	数量	单价	金额	税率	税额
合计							
价税合计（大写）						（小写）	
销售单位	名　　称： 纳税人识别号： 地 址 、电 话： 开户银行账号：				备注			
收款人：	复核：			开票人：		销售方：（章）		

第一联：记账联　销售方记账凭证

原始凭证 7-3-2

3300105128	浙江省增值税专用发票	№00069832

抵　扣　联

开票日期：　　年　月　日

购买方	名　　　　称：			密码区	（略）			第二联：抵扣联　购买方记账凭证
	纳税人识别号：							
	地址、电话：							
	开户银行账号：							

货物或应税劳务、服务名称	规格型号	单位	数量	单价	金额	税率	税额
合　计							

价税合计（大写）	（小写）

销售单位	名　　　　称：		备注
	纳税人识别号：		
	地址、电话：		
	开户银行账号：		

收款人：　　　　复核：　　　　开票人：　　　　销售方：（章）

原始凭证 7-3-3

3300105128	浙江省增值税专用发票	№00069832

发　票　联

开票日期：　　年　月　日

购买方	名　　　　称：			密码区	（略）			第三联：发票联　购买方记账凭证
	纳税人识别号：							
	地址、电话：							
	开户银行账号：							

货物或应税劳务、服务名称	规格型号	单位	数量	单价	金额	税率	税额
合　计							

价税合计（大写）	（小写）

销售单位	名　　　　称：		备注
	纳税人识别号：		
	地址、电话：		
	开户银行账号：		

收款人：　　　　复核：　　　　开票人：　　　　销售方：（章）

（二）编制有关会计分录。

（三）计算一般计税方法下本月应交的增值税额。

（四）计算简易计税方法下本月应交的增值税额。

（五）填制本月增值税纳税申报表及其附列资料（见表1-11至表1-18）。

（六）填写跨县（市）提供建筑服务的《增值税预缴税款表》（见表1-19）。

表 1-11　增值税纳税申报表

（一般纳税人适用）

根据国家税收法律法规及增值税相关规定制定本表。纳税人不论有无销售额，均应按税务机关核定的纳税期限填写本表，并向当地税务机关申报。

税款所属时间：自　年　月　日至　年　月　日　填表日期：　年　月　日　金额单位：元至角分

纳税人识别号																		所属行业：		
纳税人名称		（公章）	法定代表人姓名			注册地址				生产经营地址		
开户银行及账号				登记注册类型					电话号码		

项　目		栏　次	一般项目		即征即退项目	
			本月数	本年累计	本月数	本年累计
销售额	（一）按适用税率计税销售额	1				
	其中：应税货物销售额	2				
	应税劳务销售额	3				
	纳税检查调整的销售额	4				
	（二）按简易办法计税销售额	5				
	其中：纳税检查调整的销售额	6				
	（三）免、抵、退办法出口销售额	7			—	—
	（四）免税销售额	8			—	—
	其中：免税货物销售额	9			—	—
	免税劳务销售额	10			—	—
税款计算	销项税额	11				
	进项税额	12				
	上期留抵税额	13				—
	进项税额转出	14				
	免、抵、退应退税额	15			—	—
	按适用税率计算的纳税检查应补缴税额	16			—	—

（续表）

项　目		栏　次	一般项目		即征即退项目	
			本月数	本年累计	本月数	本年累计
税款计算	应抵扣税额合计	17＝12＋13－14－15＋16		—		—
	实际抵扣税额	18(如 17＜11,则为17,否则为 11)				
	应纳税额	19＝11－18				
	期末留抵税额	20＝17－18				—
	简易计税办法计算的应纳税额	21				
	按简易计税办法计算的纳税检查应补缴税额	22			—	—
	应纳税额减征额	23				
	应纳税额合计	24＝19＋21－23				
税款缴纳	期初未缴税额(多缴为负数)	25				
	实收出口开具专用缴款书退税额	26				
	本期已缴税额	27＝28＋29＋30＋31				
	① 分次预缴税额	28		—	—	—
	② 出口开具专用缴款书预缴税额	29		—	—	—
	③ 本期缴纳上期应纳税额	30				
	④ 本期缴纳欠缴税额	31				
	期末未缴税额(多缴为负数)	32＝24＋25＋26－27				
	其中:欠缴税额(≥0)	33＝25＋26－27		—		—
	本期应补(退)税额	34＝24－28－29				
	即征即退实际退税额	35		—		
	期初未缴查补税额	36			—	—
	本期入库查补税额	37			—	—
	期末未缴查补税额	38＝16＋22＋36－37			—	—

授权声明	如果你已委托代理人申报,请填写下列资料: 　　为代理一切税务事宜,现授权 (地址)　　　　　　　　为本纳税人的代理申报人,任何与本申报表有关的往来文件,都可寄予此人。 　　　　　　　　　　　　　　授权人签字:	申报人声明	本纳税申报表是根据国家税收法律法规及相关规定填报的,我确定它是真实的、可靠的、完整的。 　　　　　　　　　　　声明人签字:

主管税务机关:　　　　　　　　　　接收人:　　　　　　　　　　接收日期:

表1-12　增值税纳税申报表附列资料（一）

（本期销售情况明细）

纳税人名称：（公章）　　　税款所属时间：　年　月　日　至　年　月　日　　　金额单位：元至角分

项目及栏次			开具增值税专用发票 销售额 (1)	开具增值税专用发票 销项（应纳）税额 (2)	开具其他发票 销售额 (3)	开具其他发票 销项（应纳）税额 (4)	未开具发票 销售额 (5)	未开具发票 销项（应纳）税额 (6)	纳税检查调整 销售额 (7)	纳税检查调整 销项（应纳）税额 (8)	合计 销售额 $(9=1+3+5+7)$	合计 销项（应纳）税额 $(10=2+4+6+8)$	价税合计 $(11=9+10)$	服务、不动产和无形资产扣除项目本期实际扣除金额 (12)	扣除后 含税（免税）销售额 $(13=11-12)$	扣除后 销项（应纳）税额 $\left(14=13\div(100\%+税率或征收率)\times 税率或征收率\right)$
一、一般计税方法计税	全部征税项目	16%税率的货物及加工修理修配劳务 (1)												—	—	—
		16%税率的服务、不动产和无形资产 (2)														
		13%税率 (3)												—	—	—
		10%税率的货物及加工修理修配劳务 (4a)					—	—	—	—			—	—	—	—
		10%税率的服务、不动产和无形资产 (4b)					—	—	—	—			—			
		6%税率 (5)					—	—	—	—			—	—	—	—
	其中：即征即退项目	即征即退货物及加工修理修配劳务 (6)					—	—	—	—			—	—	—	—
		即征即退服务、不动产和无形资产 (7)					—	—	—	—			—			
二、简易计税方法计税	全部征税项目	6%征收率 (8)					—	—						—	—	—
		5%征收率的货物及加工修理修配劳务 (9a)					—	—						—	—	—
		5%征收率的服务、不动产和无形资产 (9b)					—	—								
		4%征收率 (10)					—	—						—	—	—
		3%征收率的货物及加工修理修配劳务 (11)					—	—						—	—	—
		3%征收率的服务、不动产和无形资产 (12)					—	—								
		预征率　　% (13a)					—	—						—	—	—
		预征率　　% (13b)					—	—						—	—	—
		预征率　　% (13c)					—	—						—	—	—
	其中：即征即退项目	即征即退货物及加工修理修配劳务 (14)					—	—						—	—	—
		即征即退服务、不动产和无形资产 (15)					—	—								
三、免抵退税		货物及加工修理修配劳务 (16)		—		—	—	—	—	—		—	—	—	—	—
		服务、不动产和无形资产 (17)		—		—	—	—	—	—		—	—			—
四、免税		货物及加工修理修配劳务 (18)		—		—	—	—	—	—		—	—	—	—	—
		服务、不动产和无形资产 (19)		—		—	—	—	—	—		—	—			—

表 1-13　增值税纳税申报表附列资料(二)

(本期进项税额明细)

税款所属时间：　　年　月　日至　　年　月　日

纳税人名称：(公章)　　　　　　　　　　　　　　　　　　　金额单位：元至角分

一、申报抵扣的进项税额				
项目	栏次	份数	金额	税额
(一)认证相符的增值税专用发票	1＝2＋3			
其中：本期认证相符且本期申报抵扣	2			
前期认证相符且本期申报抵扣	3			
(二)其他扣税凭证	4＝5＋6＋7＋8a＋8b			
其中：海关进口增值税专用缴款书	5			
农产品收购发票或者销售发票	6			
代扣代缴税收缴款凭证	7		—	
加计扣除农产品进项税额	8a			
其他	8b			
(三)本期用于购建不动产的扣税凭证	9			
(四)本期不动产允许抵扣进项税额	10	—	—	
(五)外贸企业进项税额抵扣证明	11	—	—	
当期申报抵扣进项税额合计	12＝1＋4－9＋10＋11			
二、进项税额转出额				
项目	栏次		税额	
本期进项税额转出额	13＝14 至 23 之和			
其中：免税项目用	14			
集体福利、个人消费	15			
非正常损失	16			
简易计税方法征税项目用	17			
免抵退税办法不得抵扣的进项税额	18			
纳税检查调减进项税额	19			
红字专用发票信息表注明的进项税额	20			
上期留抵税额抵减欠税	21			
上期留抵税额退税	22			
其他应作进项税额转出的情形	23			
三、待抵扣进项税额				
项目	栏次	份数	金额	税额
(一)认证相符的增值税专用发票	24	—	—	—
期初已认证相符但未申报抵扣	25			
本期认证相符且本期未申报抵扣	26			
期末已认证相符但未申报抵扣	27			
其中：按照税法规定不允许抵扣	28			
(二)其他扣税凭证	29＝30 至 33 之和			
其中：海关进口增值税专用缴款书	30			

（续表）

项目	栏次	份数	金额	税额
农产品收购发票或者销售发票	31			
代扣代缴税收缴款凭证	32		—	
其他	33			
	34			
四、其他				
项目	栏次	份数	金额	税额
本期认证相符的增值税专用发票	35			
代扣代缴税额	36		—	—

表 1-14　增值税纳税申报表附列资料(三)

（服务、不动产和无形资产扣除项目明细）

税款所属时间：　　年　月　日至　　年　月　日

纳税人名称：（公章）　　　　　　　　　　　　　　　　　　　金额单位：元至角分

项目及栏次		本期服务、不动产和无形资产价税合计额（免税销售额）	服务、不动产和无形资产扣除项目				
			期初余额	本期发生额	本期应扣除金额	本期实际扣除金额	期末余额
		1	2	3	4＝2＋3	5（5≤1且5≤4）	6＝4－5
16%税率的项目	1						
10%税率的项目	2						
6%税率的项目(不含金融商品转让)	3						
6%税率的金融商品转让项目	4						
5%征收率的项目	5						
3%征收率的项目	6						
免抵退税的项目	7						
免税的项目	8						

表 1-15　增值税纳税申报表附列资料(四)

（税额抵减情况表）

税款所属时间：　　年　月　日至　　年　月　日

纳税人名称：（公章）　　　　　　　　　　　　　　　　　　　金额单位：元至角分

序号	抵减项目	期初余额	本期发生额	本期应抵减税额	本期实际抵减税额	期末余额
		1	2	3＝1＋2	4≤3	5＝3－4
1	增值税税控系统专用设备费及技术维护费					
2	分支机构预征缴纳税款					
3	建筑服务预征缴纳税款					
4	销售不动产预征缴纳税款					
5	出租不动产预征缴纳税款					

表 1-16 增值税纳税申报表附列资料(五)

(不动产分期抵扣计算表)

税款所属时间： 年 月 日至 年 月 日

纳税人名称：(公章) 金额单位：元至角分

期初待抵扣不动产进项税额	本期不动产进项税额增加额	本期可抵扣不动产进项税额	本期转入的待抵扣不动产进项税额	本期转出的待抵扣不动产进项税额	期末待抵扣不动产进项税额
1	2	3≤1+2+4	4	5≤1+4	6=1+2-3+4-5

表 1-17 增值税减免税申报明细表

税款所属时间：自 年 月 日至 年 月 日

纳税人名称(公章)： 金额单位：元至角分

一、减税项目					
减税性质代码及名称	栏次	期初余额	本期发生额	本期应抵减税额	本期实际抵减税额	期末余额
		1	2	3=1+2	4≤3	5=3-4
合 计	1					
	2					
	3					
	4					
	5					
	6					

二、免税项目					
免税性质代码及名称	栏次	免征增值税项目销售额	免税销售额扣除项目本期实际扣除金额	扣除后免税销售额	免税销售额对应的进项税额	免税额
		1	2	3=1-2	4	5
合 计	7					
出口免税	8		—	—	—	—
其中:跨境服务	9		—	—	—	—
	10					
	11					
	12					
	13					
	14					
	15					
	16					

表1-18　营改增税负分析测算明细表

税款所属时间：　　年　月　日至　　年　月　日　　　　　　　　　　　　　　金额单位：元至角分

纳税人名称：（公章）

项目及栏次		增值税							营业税						
					服务、不动产和无形资产扣除项目本期实际扣除金额	扣除后		增值税应纳税额（测算）	原营业税税制下服务、不动产和无形资产差额扣除项目					应税营业额	营业税应纳税额
应税项目代码及名称	增值税税率或征收率 / 营业税税率	不含税销售额	销项（应纳）税额	价税合计		含税销售额	销项（应纳）税额		期初余额	本期发生额	本期应扣除金额	本期实际扣除金额	期末余额		
		1	2=1×增值税率或征收率	3=1+2	4	5=3-4	6=5÷(100%+增值税率或征收率)×增值税率或征收率	7	8	9	10=8+9	11(11≤3且11≤10)	12=10-11	13=3-11	14=13×营业税税率
合计	—														

表 1-19　增值税预缴税款表

税款所属时间：　　　年　月　日至　　年　月　日

纳税人识别号：□□□□□□□□□□□□□□□□□□　　　是否适用一般计税方法　是□　否□

纳税人名称 （公章）				金额单位 元（列至角分）	
项目编号			项目名称		
项目地址					
预征项目和栏次		销售额	扣除金额	预征率	预征税额
		1	2	3	4
建筑服务	1				
销售不动产	2				
出租不动产	3				
	4				
	5				
合计	6				

授权声明	如果你已委托代理人填报，请填写下列资料： 　为代理一切税务事宜，现授权 （地址）　　　　　　　　为本次纳税人的代理填报人，任何与本表有关的往来文件，都可寄予此人。 　　　　　　　　授权人签字：	填表人申明	以上内容是真实的、可靠的、完整的。 　　　　　　　　纳税人签字：

实验项目 1-3　房地产开发企业增值税会计实验

一、实验目的

通过房地产企业增值税会计实验，学生应掌握房地产企业增值税会计一般计税方法、简易计税方法和税务会计处理方法；掌握房地产企业增值税会计核算和申报特点，如差额征税的方法、预缴和应交税款计算、增值税预缴申报和缴纳、增值税月度申报及会计处理等。

二、实验资料

1. 嘉林房地产开发有限责任公司为一般纳税人，纳税人识别号为 91330411721168893N。该公司负责开发"中山花园"房地产开发项目，《建筑工程施工许可证》注明的开工日期为 2017 年 6 月 18 日。该项目建造期为 1 年，2018 年 6 月项目完工后即可开始销售。该项目的地址为中山路 120 号，据市房地产勘察测绘所提供的实测总建筑面积证明为 10 300 平方米，可售面积证书中批复的商品房销售面积为 10 000 平方米；其余为不可出售的面积 300 平方米，属于经相关部门审批的项目建筑面积内的售楼处用房 300 平方米。另外，还有公共配套设施面积 500 平方米。增值税按照一般计税方法计税。该公司已支付土地出让金 222 万元。

2. 2018 年 7 月和 8 月，该公司发生的与增值税有关的经济业务如下：

业务1 7月,预售取得预收款1 110万元。

业务2 8月,开始销售房产并取得全部价款和价外费用3 300万元,建筑面积为3 000平方米,开具增值税普通发票。

业务3 8月,购买广告服务取得增值税专用发票(1份)并认证相符,注明的金额为600万元,税额为36万元。

业务4 8月,发生律师、会务费、住宿费等管理费用,取得增值税专用发票(2份)并认证相符,注明的金额为100万元、增值税额为6万元,款项以银行存款支付。

业务5 8月,购买免税苗木农产品的价款为180万元,用于该房地产开发项目绿化建设,开具农产品收购凭证,价款通过银行支付。

三、实验要求

(一)根据业务1至业务5编制有关会计分录。

(二)填报税款所属期为2018年7月的《增值税预缴税款表》(见表1-20),并编制预缴税额的会计分录。

表1-20 增值税预缴税款表

税款所属时间: 年 月 日至 年 月 日

纳税人识别号:□□□□□□□□□□□□□□□□□□ 是否适用一般计税方法:是□ 否□

纳税人名称(公章)				金额单位元(列至角分)		
项目编号				项目名称		
项目地址						
预征项目和栏次		销售额	扣除金额	预征率	预征税额	
		1	2	3	4	
建筑服务	1					
销售不动产	2					
出租不动产	3					
	4					
	5					
合计	6					

授权声明	如果你已委托代理人填报,请填写下列资料: 为代理一切税务事宜,现授权 (地址) 为本次纳税人的代理填报人,任何与本表有关的往来文件,都可寄予此人。 授权人签字:	填表人申明	以上内容是真实的、可靠的、完整的。 纳税人签字:

（三）计算 2018 年 8 月允许抵扣的土地价款，并编制相关会计分录。

（四）假设 2018 年 7 月末的进项税留抵税额为 200 万元，以前月份未发生过销项税，计算 8 月份应交增值税额，并结转有关增值税。

（五）填报税额所属期为 2018 年 8 月的增值税纳税申报表及其附列资料（见表 1-21 至表 1-28）。

表 1-21 增值税纳税申报表
（一般纳税人适用）

根据国家税收法律法规及增值税相关规定制定本表。纳税人不论有无销售额，均应按税务机关核定的纳税期限填写本表，并向当地税务机关申报。

税款所属时间：自　年　月　日至　年　月　日　填表日期：　年　月　日　金额单位：元至角分

纳税人识别号															所属行业：		

纳税人名称		（公章）	法定代表人姓名		注册地址		生产经营地址	
开户银行及账号			登记注册类型			电话号码		

项　　目		栏　　次	一般项目		即征即退项目	
			本月数	本年累计	本月数	本年累计
销售额	（一）按适用税率计税销售额	1				
	其中：应税货物销售额	2				
	应税劳务销售额	3				
	纳税检查调整的销售额	4				
	（二）按简易办法计税销售额	5				
	其中：纳税检查调整的销售额	6				
	（三）免、抵、退办法出口销售额	7			—	—
	（四）免税销售额	8			—	—
	其中：免税货物销售额	9			—	—
	免税劳务销售额	10			—	—
税款计算	销项税额	11				
	进项税额	12				
	上期留抵税额	13				—
	进项税额转出	14				
	免、抵、退应退税额	15			—	—
	按适用税率计算的纳税检查应补缴税额	16				

（续表）

项　目		栏　次	一般项目		即征即退项目	
			本月数	本年累计	本月数	本年累计
税款计算	应抵扣税额合计	$17=12+13-14-15+16$		—		—
	实际抵扣税额	18（如 17＜11，则为 17，否则为 11）				
	应纳税额	$19=11-18$				
	期末留抵税额	$20=17-18$				—
	简易计税办法计算的应纳税额	21				
	按简易计税办法计算的纳税检查应补缴税额	22			—	—
	应纳税额减征额	23				
	应纳税额合计	$24=19+21-23$				
税款缴纳	期初未缴税额（多缴为负数）	25				
	实收出口开具专用缴款书退税额	26				
	本期已缴税额	$27=28+29+30+31$				
	① 分次预缴税额	28		—		—
	② 出口开具专用缴款书预缴税额	29		—		—
	③ 本期缴纳上期应纳税额	30				
	④ 本期缴纳欠缴税额	31				
	期末未缴税额（多缴为负数）	$32=24+25+26-27$				
	其中：欠缴税额（≥0）	$33=25+26-27$		—		—
	本期应补（退）税额	$34=24-28-29$		—		—
	即征即退实际退税额	35	—	—		
	期初未缴查补税额	36			—	—
	本期入库查补税额	37			—	—
	期末未缴查补税额	$38=16+22+36-37$			—	—
授权声明	如果你已委托代理人申报，请填写下列资料： 　为代理一切税务事宜，现授权 （地址）　　　　　　　　　为本纳税人的代理申报人，任何 与本申报表有关的往来文件，都可寄予此人。 　　　　　　　　授权人签字：			申报人声明	本纳税申报表是根据国家税收法律法规及相关规定填报的，我确定它是真实的、可靠的、完整的。 　　　　　　　声明人签字：	

主管税务机关：　　　　　　　　接收人：　　　　　　　　接收日期：

纳税人名称：(公章)

表1-22 增值税纳税申报表附列资料(一)
(本期销售情况明细)

税款所属时间：　年　月　日至　年　月　日

金额单位：元至角分

项目及栏次		开具增值税专用发票		开具其他发票		未开具发票		纳税检查调整		合计		价税合计	服务、不动产和无形资产扣除项目本期实际扣除金额	扣除后	
		销售额	销项(应纳)税额	销售额	销项(应纳)税额	销售额	销项(应纳)税额	销售额	销项(应纳)税额	销售额	销项(应纳)税额			含税(免税)销售额	销项(应纳)税额
		1	2	3	4	5	6	7	8	9=1+3+5+7	10=2+4+6+8	11=9+10	12	13=11−12	14=13÷(100%+税率或征收率)×税率或征收率
一、一般计税方法计税 全部征税项目	16%税率的货物及加工修理修配劳务	1													
	16%税率的服务、不动产和无形资产	2													
	13%税率	3													
	10%税率的货物及加工修理修配劳务	4a													
	11%税率的服务、不动产和无形资产	4b													
	6%税率	5													
其中：即征即退项目	即征即退货物及加工修理修配劳务	6	—	—	—	—	—	—	—	—	—	—	—	—	—	—
	即征即退服务、不动产和无形资产	7	—	—	—	—	—	—	—	—	—	—	—	—	—	—
二、简易计税方法计税 全部征税项目	6%征收率	8													
	5%征收率的货物及加工修理修配劳务	9a											—		
	5%征收率的服务、不动产和无形资产	9b													
	4%征收率	10					—						—		
	3%征收率的货物及加工修理修配劳务	11											—		
	3%征收率的服务、不动产和无形资产	12													
	预征率　%	13a	—	—	—	—	—	—	—	—	—	—	—	—	—	—
	预征率　%	13b	—	—	—	—	—	—	—	—	—	—	—	—	—	—
	预征率　%	13c	—	—	—	—	—	—	—	—	—	—	—	—	—	—
其中：即征即退项目	即征即退货物及加工修理修配劳务	14	—	—	—	—	—	—	—	—	—	—	—	—	—	—
	即征即退服务、不动产和无形资产	15	—	—	—	—	—	—	—	—	—	—	—	—	—	—
三、免抵退税	货物及加工修理修配劳务	16											—	—	—	—
	服务、不动产和无形资产	17												—	—	—
四、免税	货物及加工修理修配劳务	18											—	—	—	—
	服务、不动产和无形资产	19												—	—	—

表 1-23　增值税纳税申报表附列资料(二)

(本期进项税额明细)

税款所属时间：　　　年　月　日至　　　年　月　日

纳税人名称：(公章)　　　　　　　　　　　　　　　　　金额单位：元至角分

一、申报抵扣的进项税额				
项目	栏次	份数	金额	税额
(一)认证相符的增值税专用发票	1=2+3			
其中：本期认证相符且本期申报抵扣	2			
前期认证相符且本期申报抵扣	3			
(二)其他扣税凭证	4=5+6+7+8a+8b			
其中：海关进口增值税专用缴款书	5			
农产品收购发票或者销售发票	6			
代扣代缴税收缴款凭证	7		—	
加计扣除农产品进项税额	8a			
其他	8b			
(三)本期用于购建不动产的扣税凭证	9			
(四)本期不动产允许抵扣进项税额	10		—	—
(五)外贸企业进项税额抵扣证明	11		—	—
当期申报抵扣进项税额合计	12=1+4-9+10+11			
二、进项税额转出额				
项目	栏次	税额		
本期进项税额转出额	13=14至23之和			
其中：免税项目用	14			
集体福利、个人消费	15			
非正常损失	16			
简易计税方法征税项目用	17			
免抵退税办法不得抵扣的进项税额	18			
纳税检查调减进项税额	19			
红字专用发票信息表注明的进项税额	20			
上期留抵税额抵减欠税	21			
上期留抵税额退税	22			
其他应作进项税额转出的情形	23			
三、待抵扣进项税额				
项目	栏次	份数	金额	税额
(一)认证相符的增值税专用发票	24	—	—	—
期初已认证相符但未申报抵扣	25			
本期认证相符且本期未申报抵扣	26			
期末已认证相符但未申报抵扣	27			
其中：按照税法规定不允许抵扣	28			
(二)其他扣税凭证	29=30至33之和			
其中：海关进口增值税专用缴款书	30			

(续表)

项目	栏次	份数	金额	税额
农产品收购发票或者销售发票	31			
代扣代缴税收缴款凭证	32			—
其他	33			
	34			
四、其他				
项目	栏次	份数	金额	税额
本期认证相符的增值税专用发票	35			
代扣代缴税额	36		—	—

表 1-24 增值税纳税申报表附列资料(三)

(服务、不动产和无形资产扣除项目明细)

税款所属时间： 年 月 日至 年 月 日

纳税人名称：(公章) 金额单位：元至角分

项目及栏次		本期服务、不动产和无形资产价税合计额(免税销售额)	服务、不动产和无形资产扣除项目				
			期初余额	本期发生额	本期应扣除金额	本期实际扣除金额	期末余额
		1	2	3	4=2+3	5(5≤1 且 5≤4)	6=4-5
16%税率的项目	1						
10%税率的项目	2						
6%税率的项目(不含金融商品转让)	3						
6%税率的金融商品转让项目	4						
5%征收率的项目	5						
3%征收率的项目	6						
免抵退税的项目	7						
免税的项目	8						

表 1-25 增值税纳税申报表附列资料(四)

(税额抵减情况表)

税款所属时间： 年 月 日至 年 月 日

纳税人名称：(公章) 金额单位：元至角分

序号	抵减项目	期初余额	本期发生额	本期应抵减税额	本期实际抵减税额	期末余额
		1	2	3=1+2	4≤3	5=3-4
1	增值税税控系统专用设备费及技术维护费					
2	分支机构预征缴纳税款					
3	建筑服务预征缴纳税款					
4	销售不动产预征缴纳税款					
5	出租不动产预征缴纳税款					

表1-26 增值税纳税申报表附列资料(五)
(不动产分期抵扣计算表)

税款所属时间： 年 月 日至 年 月 日

纳税人名称：(公章) 金额单位：元至角分

期初待抵扣不动产进项税额	本期不动产进项税额增加额	本期可抵扣不动产进项税额	本期转入的待抵扣不动产进项税额	本期转出的待抵扣不动产进项税额	期末待抵扣不动产进项税额
1	2	3≤1+2+4	4	5≤1+4	6=1+2-3+4-5

表1-27 增值税减免税申报明细表

税款所属时间：自 年 月 日至 年 月 日

纳税人名称(公章)： 金额单位：元至角分

一、减税项目					
减税性质代码及名称	栏次	期初余额	本期发生额	本期应抵减税额	本期实际抵减税额	期末余额
		1	2	3=1+2	4≤3	5=3-4
合计	1					
	2					
	3					
	4					
	5					
	6					
二、免税项目					
免税性质代码及名称	栏次	免征增值税项目销售额	免税销售额扣除项目本期实际扣除金额	扣除后免税销售额	免税销售额对应的进项税额	免税额
		1	2	3=1-2	4	5
合 计	7					
出口免税	8	—	—	—	—
其中:跨境服务	9	—	—	—	—
	10					
	11					
	12					
	13					
	14					
	15					
	16					

表1-28　营改增税负分析测算明细表

税款所属时间：　年　月　日至　年　月　日

纳税人名称：(公章)

金额单位：元至角分

项目及栏次			增值税				扣除后		增值税应纳税额（测算）	营业税					应税营业额	营业税应纳税额
应税项目代码及名称	增值税税率或征收率	营业税税率	不含税销售额	销项（应纳）税额	价税合计	服务、不动产和无形资产本期实际扣除金额	含税销售额	销项（应纳）税额		原营业税税制下服务、不动产和无形资产差额扣除项目						
										期初余额	本期发生额	本期应扣除金额	本期实际扣除金额	期末余额		
			1	2=1×增值税税率或征收率	3=1+2	4	5=3-4	6=5÷(100%+增值税税率或征收率)×增值税税率或征收率	7	8	9	10=8+9	11(11≤3且11≤10)	12=10-11	13=3-11	14=13×营业税税率
合计	—	—														

实验项目 2　消费税会计实验

实验项目 2-1　化妆品生产企业消费税会计实验

一、实验目的

通过对化妆品生产企业消费税会计的实验,学生应掌握化妆品生产企业消费税的基本计税方法和税务会计处理方法;掌握消费税会计核算和申报特点,如应交税款的计算、申报、缴纳和会计处理等。

二、实验资料

1. 浙江来斯化妆品有限公司为增值税一般纳税人,纳税人识别号为 91330122547625588K,注册地址为杭州市钱塘开发区泗港路 256 号。开户银行为工行杭州市分行钱塘支行,账号为 3302000082567154680。该公司生产和销售普通化妆品和高档化妆品。2018 年 8 月,公司库存用于生产高档护肤化妆品的外购已税 XK 高档化妆品的原材料买价 2 250 000 元,数量 150 000 毫升。2018 年 8 月末,"应交税费——应交消费税"和"应交消费税——待抵扣消费税"账户余额分别为 2 456 000 元和 337 500 元(均为外购已税高档化妆品 XK 的消费税)。"委托加工物资"账户余额 650 000 元。

2. 2018 年 9 月,该公司发生的与消费税有关的经济业务如下:

业务 1　以银行存款缴纳上月应交消费税 2456 000 元。

业务 2　8 月 10 日,外购已税 XK 高档化妆品为原料用于连续生产高档化妆品,取得增值税专用发票(号码 00638912)上注明的数量 500 000 毫升、金额 5 500 000 元、税额 935 000 元,款项通过银行支付。材料于当日验收入库。

业务 3　9 月 15 日,委托加工 CF 高档化妆品已全部完成并验收入库。收回的高档化妆品为原料继续生产高档化妆品的委托加工物资,取得增值税专用发票注明的数量 50 000 毫升、加工费 200 000 元、增值税额 34 000 元;另外支付运输费用取得增值税专用发票注明的金额 20 000 元、增值税额 2 200 元;同时支付的受托方代扣代缴的消费税额 112 500 元,并取得代扣代收税款凭证,凭证号码为 3301645789。

注:代扣代收税款凭证是指税法规定的扣缴义务人向纳税人扣收税款时使用的一种专用收款凭证。凡是由扣缴义务人扣收税款的,不管纳税人采用何种付款方式,均使用此凭证,但税务机关委托代征单位代征税款时不得使用此凭证。代扣代收税款凭证一式三联:第一联为存根联,扣缴义务人留存;第二联为收据联,交纳税人作完税凭证;第三联为报查联,由扣缴义务人办理扣缴税款申报时送主管税务机关备查。该凭证格式由国家税务总局统一设计,由省

级税务机关集中印制发放各基层税务机关,再由基层税务机关盖章后发给扣缴义务人使用。

业务4 9月1日,领用上月(增值税专用发票号码00098692)外购已税高档化妆品为原料用于连续生产QL高档化妆品的数量分别为150 000毫升。

业务5 9月20日,领用(增值税专用发票号码00638912)外购已税高档化妆品为原料用于连续生产QL高档化妆品的数量为300 000毫升。

业务6 9月21日,领用委托加工收回的高档化妆品原材料30 000毫升。

业务7 9月,销售普通化妆品200 000毫升,不含税销售额为16 000 000元,增值税税率为16%,销售QL(高档)化妆品580 000毫升,不含税销售额22 160 000元、增值税税率16%。其中60%的价税款收存银行存款户,其余款项尚未收到。

三、实验要求

(一)编制上述经济业务的会计分录。

(二)计提本月应纳消费税额(消费税税率为15%)。

(三)分别登记外购、委托加工抵扣税款台账,计算并结转本月可抵扣的消费税额。

(四)填制消费税纳税申报表及其附表(见表2-1至表2-7),并编制缴纳消费税的会计分录。

表2-1 其他应税消费品消费税纳税申报表

税款所属期: 年 月 日至 年 月 日

纳税人名称(公章): 　　　　　　纳税人识别号:☐☐☐☐☐☐☐☐☐☐☐☐☐☐☐

填表日期: 年 月 日 　　　　　　　　　　金额单位:元(列至角分)

项 目 / 应税消费品名称	适用税率	销售数量	销售额	应纳税额
合 计	—	—	—	

本期准予抵减税额:	**声明**
	此纳税申报表是根据国家税收法律的规定填报的,我确定它是真实的、可靠的、完整的。
本期减(免)税额:	
	经办人(签章):
期初未缴税额:	财务负责人(签章):
	联系电话:
本期缴纳前期应纳税额:	(如果你已委托代理人申报,请填写)
	授权声明
本期预缴税额:	为代理一切税务事宜,现授权
	(地址)_____为本纳税人的代理申报人,任何与
本期应补(退)税额:	本申报表有关的往来文件,都可寄予此人。
期末未缴税额:	授权人签章:

以下由税务机关填写

受理人(签章): 　　　　　受理日期: 年 月 日 　　　　受理税务机关(章):

填报说明：

(1) 本表限高档化妆品、贵重首饰及珠宝玉石、鞭炮焰火、摩托车(排量＞250 毫升)、摩托车(排量＝250 毫升)、高尔夫球及球具、高档手表、游艇、木制一次性筷子、实木地板等消费税纳税人使用。

(2) 本表"税款所属期"是指纳税人申报的消费税应纳税额的所属时间,应填写具体的起止年、月、日。

(3) 本表"纳税人识别号"栏,填写纳税人的税务登记证号码。

(4) 本表"纳税人名称"栏,填写纳税人单位名称全称。

(5) 本表"应税消费品名称"和"适用税率"按照以下内容填写：高档化妆品：15％；贵重首饰及珠宝玉石：10％；金银首饰(铂金首饰、钻石及钻石饰品)：5％；鞭炮焰火：15％；摩托车(排量＞250 毫升)：10％；摩托车(排量＝250 毫升)：3％；高尔夫球及球具：10％；高档手表：20％；游艇：10％；木制一次性筷子：5％；实木地板：5％。

(6) 本表"销售数量"为《中华人民共和国消费税暂行条例》《中华人民共和国消费税暂行条例实施细则》及其他法规、规章规定的当期应申报缴纳消费税的应税消费品销售(不含出口免税)数量。计量单位是：摩托车为辆；高档手表为只；游艇为艘；实木地板为平方米；木制一次性筷子为万双；高档化妆品、贵重首饰及珠宝玉石(含金银首饰、铂金首饰、钻石及钻石饰品)、鞭炮焰火、高尔夫球及球具按照纳税人实际使用的计量单位填写并在本栏中注明。

(7) 本表"销售额"为《中华人民共和国消费税暂行条例》《中华人民共和国消费税暂行条例实施细则》及其他法规、规章规定的当期应申报缴纳消费税的应税消费品销售(不含出口免税)收入。

(8) 根据《中华人民共和国消费税暂行条例》的规定,本表"应纳税额"的计算公式如下：

$$应纳税额 = 销售额 \times 适用税率$$

(9) 本表"本期准予扣除税额"填写按税收法规规定本期外购或委托加工收回应税消费品后连续生产应税消费品准予扣除的消费税应纳税额。其准予扣除的消费税应纳税额情况,需填报本表附 1《本期准予扣除税额计算表》予以反映。

"本期准予扣除税额"栏数值与本表附 1《本期准予扣除税额计算表》"本期准予扣除税款合计"栏数值一致。

(10) 本表"本期减(免)税额"不含出口退(免)税额。

(11) 本表"期初未缴税额"填写本期期初累计应缴未缴的消费税额,多缴为负数。其数值等于上期申报表"期末未缴税额"。

(12) 本表"本期缴纳前期应纳税额"填写本期实际缴纳入库的前期应缴未缴消费税额。

(13) 本表"本期预缴税额"填写纳税申报前纳税人已预先缴纳入库的本期消费税额。

(14) 本表"本期应补(退)税额"填写纳税人本期应纳税额中应补缴或应退回的数额,计算公式如下,多缴为负数：

$$\begin{matrix} 本期应补 \\ (退)税额 \end{matrix} = \begin{matrix} 应纳税额 \\ (合计栏金额) \end{matrix} - \begin{matrix} 本期准予 \\ 扣除税额 \end{matrix} - \begin{matrix} 本期减 \\ (免)税额 \end{matrix} - \begin{matrix} 本期预 \\ 缴税额 \end{matrix}$$

(15) 本表"期末未缴税额"填写纳税人本期期末应缴未缴的消费税额,计算公式如下,多缴为负数：

期末未缴税额＝期初未缴税额＋本期应补(退)税额－本期缴纳前期应纳税额

(16) 本表为 A4 竖式,所有数字小数点后保留两位。本表一式两份,一份纳税人留存,另一份税务机关留存。

表2-2　本期准予扣除税额计算表(附1)

税款所属期:　　年　月　日至　　年　月　日

纳税人名称(公章):　　　　　纳税人识别号: ☐☐☐☐☐☐☐☐☐☐☐☐☐☐☐☐☐☐☐☐

填表日期:　　年　月　日　　　　　　　　　　　　　　金额单位:元(列至角分)

项　　目＼应税消费品名称					合计
当期准予扣除的委托加工应税消费品已纳税款计算	期初库存委托加工应税消费品已纳税款				—
	当期收回委托加工应税消费品已纳税款				—
	期末库存委托加工应税消费品已纳税款				—
	当期准予扣除委托加工应税消费品已纳税款				
当期准予扣除的外购应税消费品已纳税款计算	期初库存外购应税消费品买价				
	当期购进应税消费品买价				
	期末库存外购应税消费品买价				
	外购应税消费品适用税率				
	当期准予扣除外购应税消费品已纳税款				
本期准予扣除税款合计					

填报说明:

(1) 本表作为《其他应税消费品消费税纳税申报表》的附列资料,由外购或委托加工收回应税消费品后连续生产应税消费品的纳税人填报。未发生外购或委托加工收回应税消费品后连续生产应税消费品的纳税人不填报本表。

(2) 本表"税款所属期""纳税人名称""纳税人识别号"的填写同主表。

(3) 本表"应税消费品名称"填写高档化妆品、珠宝玉石、鞭炮焰火、摩托车(排量＞250毫升)、摩托车(排量＝250毫升)、高尔夫球及球具、木制一次性筷子、实木地板。

(4) 根据国家税务总局《关于用外购和委托加工收回的应税消费品连续生产应税消费品征收消费税问题的通知》(国税发〔1995〕94号)的规定,本表"当期准予扣除的委托加工应税消费品已纳税款"的计算公式如下:

$$\text{当期准予扣除的委托加工应税消费品已纳税款} = \text{期初库存委托加工应税消费品已纳税款} + \text{当期收回委托加工应税消费品已纳税款} - \text{期末库存委托加工应税消费品已纳税款}$$

(5) 根据国家税务总局《关于用外购和委托加工收回的应税消费品连续生产应税消费品

征收消费税问题的通知》(国税发〔1995〕94 号)的规定,本表"当期准予扣除的外购应税消费品
已纳税款"的计算公式如下:

$$\text{当期准予扣除的外购应税消费品已纳税款} = \left(\text{期初库存外购应税消费品买价} + \text{当期购进应税消费品买价} - \text{期末库存外购应税消费品买价}\right) \times \text{外购应税消费品适用税率}$$

(6)本表"本期准予扣除税款合计"为本期外购及委托加工收回应税消费品后连续生产应
税消费品准予扣除应税消费品已纳税款的合计数,应与《其他应税消费品消费税纳税申报表》
"本期准予扣除税额"栏数值一致。

(7)本表为 A4 竖式,所有数字小数点后保留两位。本表一式两份,一份纳税人留存,另一
份税务机关留存。

表 2-3　准予扣除消费税凭证明细表(附 2)

税款所属期:　　年　月　日至　　年　月　日

纳税人名称(公章):　　　　　纳税人识别号:☐☐☐☐☐☐☐☐☐☐☐☐☐☐☐

填表日期:　　年　月　日　　　　　　　　　金额单位:元(列至角分)

应税消费品名称	凭证类别	凭证号码	开票日期	数量	金额	适用税率	消费税税额
合计	—			—		—	

填报说明：

(1) 本表作为《其他应税消费品消费税纳税申报表》的附列资料，由外购或委托加工收回应税消费品后连续生产应税消费品的纳税人填报。未发生外购或委托加工收回应税消费品后连续生产应税消费品的纳税人不填报本表。

(2) 本表"税款所属期""纳税人名称""纳税人识别号"的填写同主表。

(3) 本表"应税消费品名称"填写高档化妆品、珠宝玉石、鞭炮焰火、摩托车(排量＞250毫升)、摩托车(排量＝250毫升)、高尔夫球及球具、木制一次性筷子、实木地板。

(4) 本表"凭证类别"填写准予扣除凭证名称，如：增值税专用发票、海关进口消费税专用缴款书、代扣代收税款凭证。

(5) 本表"凭证号码"填写准予扣除凭证的号码。

(6) 本表"开票日期"填写准予扣除凭证的开票日期。

(7) 本表"数量"填写准予扣除凭证载明的应税消费品数量，并在本栏中注明计量单位。

(8) 本表"金额"填写准予扣除凭证载明的应税消费品金额。

(9) 本表"适用税率"填写应税消费品的适用税率。

(10) 本表"消费税税额"填写凭该准予扣除凭证申报抵扣的消费税税额。

(11) 本表为A4竖式，所有数字小数点后保留两位。本表一式两份，一份纳税人留存，另一份税务机关留存。

表 2-4　本期代收代缴税额计算表(附3)

税款所属期：　　年　月　日至　　年　月　日

纳税人名称：(公章)　　　　纳税人识别号：□□□□□□□□□□□□□□□

填表日期：　　年　月　日　　　　　　　　　　金额单位：元(列至角分)

项　目 ＼ 应税消费品名称				合计
适用税率				—
受托加工数量				—
同类产品销售价格				—
材料成本				
加工费				—
组成计税价格				
本期代收代缴税款				

填报说明：

(1) 本表作为《其他应税消费品消费税纳税申报表》的附列资料，由应税消费品受托加工方填报。委托方和未发生受托加工业务的纳税人不填报本表。

(2) 本表"税款所属期""纳税人名称""纳税人识别号"的填写同主表。

(3) 本表"应税消费品名称"和"税率"按照以下内容填写：高档化妆品：15%；贵重首饰及珠宝玉石：10%；金银首饰(铂金首饰、钻石及钻石饰品)：5%；鞭炮焰火：15%；摩托车(排量＞250毫升)：10%；摩托车(排量＝250毫升)：3%；高尔夫球及球具：10%；高档手表：20%；游艇：10%；木制一次性筷子：5%；实木地板：5%。

（4）本表"受托加工数量"的计量单位是：摩托车为辆；高档手表为只；游艇为艘；实木地板为平方米；木制一次性筷子为万双；高档化妆品、贵重首饰及珠宝玉石(含金银首饰、铂金首饰、钻石及钻石饰品)、鞭炮焰火、高尔夫球及球具按照受托方实际使用的计量单位填写并在本栏中注明。

（5）本表"同类产品销售价格"为受托方同类产品销售价格。

（6）根据《中华人民共和国消费税暂行条例》的规定，本表"组成计税价格"的计算公式如下：

$$组成计税价格＝（材料成本＋加工费）÷（1－消费税税率）$$

（7）根据《中华人民共和国消费税暂行条例》的规定，本表"本期代收代缴税款"的计算公式如下：

A. 当受托方有同类产品销售价格时：

$$本期代收代缴税款＝同类产品销售价格×受托加工数量×适用税率$$

B. 当受托方没有同类产品销售价格时：

$$本期代收代缴税款＝组成计税价格×适用税率$$

（8）本表为 A4 竖式，所有数字小数点后保留两位。本表一式两份，一份纳税人留存，另一份税务机关留存。

表 2-5　生产经营情况表(附 4)

税款所属期：　　年　月　日至　　年　月　日

纳税人名称(公章)：　　　　　　　　　纳税人识别号：□□□□□□□□□□□□□□□□

填表日期：　　年　月　日　　　　　　　　　　　　　　金额单位：元(列至角分)

项　　目 ＼ 应税消费品名称			
生产数量			
销售数量			
委托加工收回应税消费品直接销售数量			
委托加工收回应税消费品直接销售额			
出口免税销售数量			
出口免税销售额			

填报说明：

（1）本表为年报，作为《其他应税消费品消费税纳税申报表》的附列资料，由纳税人于年度终了后填写，次年1月份办理消费税纳税申报时报送。

（2）本表"税款所属期""纳税人名称""纳税人识别号""应税消费品名称"和"销售数量"填写要求同主表。

（3）本表"生产数量"，填写本期生产的产成品数量，计量单位应与销售数量一致。

（4）本表"出口免税销售数量"和"出口免税销售额"为享受出口免税政策的应税消费品销售数量和销售额。

（5）本表计量单位：摩托车为辆；高档手表为只；游艇为艘；实木地板为平方米；木制一次

性筷子为万双;高档化妆品、贵重首饰及珠宝玉石(含金银首饰、铂金首饰、钻石及钻石饰品)、鞭炮焰火、高尔夫球及球具按照纳税人实际使用的计量单位填写并在本栏中注明。

(6) 本表为 A4 竖式。所有数字小数点后保留两位。本表一式两份,一份纳税人留存,另一份税务机关留存。

表 2-6　抵扣税款台账(附5)
(外购从价定率征收的应税消费品)

外购应税消费品名称:　　　　　　所属时间:　　年　月　　　　　　金额单位:元

日期	摘要	增值税专用发票号码	数量			金额			已纳税额		
月			购进	领用	余额	购进	领用	余额	购进	领用	余额
1	2	3	4	5	6	7	8	9	10	11	12
日	期初库存										
	本月购进合计										
	本月领用合计										
	期末库存										

填报说明:

(1) 本台账用于外购从价定率征收的应税消费品准予扣除已纳税款的核算。台账按月登记。4月份启用台账时,期初库存为零。

(2) "期初库存"填写第6、第9、第12栏,每月初核算。上月期末库存即为本月期初库存。

(3) 发生每笔外购应税消费品业务时,填写第1、第2、第3、第4、第7、第10栏。

第1栏填写购货日期。

第2栏填写购进。

第3栏填写增值税专用发票号码。

第4、第7栏分别填写每笔购进的应税消费品增值税专用发票注明的应税消费品数量、金额。

第10栏＝第7栏×消费税适用税率。

(4) 发生每笔生产领用应税消费品业务时,填写第1、第2、第5、第8、第11栏。

第1栏填写生产领用日期。

第2栏填写生产领用。

第5、第8栏分别填写每笔生产领用应税消费品的数量、金额。

第11栏＝第8栏×消费税适用税率。

(5) "本月购进合计"只填写第4、第7、第10栏。

（6）"本月领用合计"只填写第5、第8、第11栏。

（7）"期末库存"只填写第6、第9、第12栏。

第6栏＝期初库存数量余额＋本月购进合计数量－本月领用合计数量。

第9栏＝期初库存金额余额＋本月购进合计金额－本月领用合计金额。

第12栏＝期初库存税额余额＋本月购进合计税额－本月领用合计税额。

（8）本表为A4纸横排。

表2-7　抵扣税款台账(附6)
（委托加工收回、进口从价定率征收的应税消费品）

应税消费品名称：　　　　　　　所属月份：　　年　月　　　　　　金额单位：元

日期	摘　要	抵扣凭证号码	数量			已纳税额
月			购进	领用	余额	
1	2	3	4	5	6	7
日	期初库存					
	本月购进合计					
	本月领用合计					
	期末库存					

填报说明：

（1）本台账用于委托加工收回、进口的实行从价定率征收的应税消费品准予扣除已纳税款的核算。台账按月登记。4月份启用台账时，期初库存为零。

（2）"期初库存"只填写第6、第7栏，每月初核算。上月期末库存数为本月期初库存数。

（3）发生每笔委托加工收回、进口应税消费品业务时，填写第1、第2、第3、第4、第7栏。

第1栏填写以上业务发生日期。

第2栏按照所发生的以上业务分别填写。例如，发生进口业务，填进口。

第3栏填写抵扣凭证的号码。

第4、第7栏分别填写抵扣凭证注明的应税消费品数量、应税消费品已纳税款。

（4）发生生产领用应税消费品业务时，应填写第1、第2、第5栏，不填第7栏。

第1栏填写生产领用应税消费品的日期。

第2栏填写"生产领用"。

第5栏填写生产领用应税消费品的数量。

（5）"本月购进合计"，填写第4、第7栏。

第4栏填写本月委托加工收回、进口应税消费品数量合计。

第 7 栏填写本月委托加工收回、进口应税消费品的已纳税款合计。

(6)"本月领用合计",填写第 5、第 7 栏。

第 5 栏填写生产领用应税消费品数量合计。

第 7 栏＝第 5 栏×加权平均单位税额。

加权平均单位税额＝(期初库存税额＋本月购进合计税额)÷(期初库存数量＋本月购进合计数量)。

(7)"期末库存",填写台账第 6、第 7 栏。

第 6 栏＝期初库存数量＋本月购进合计数量－本月领用合计数量。

第 7 栏＝期初库存税额＋本月购进合计税额－本月领用合计税额。

当月允许抵扣的已纳税款于每月末核算,生产领用时不核算。

(8)本表为 A4 纸竖排。

实验项目 2-2　酒类生产企业消费税会计实验

一、实验目的

通过对酒类生产企业消费税会计的实验,学生应掌握酒类生产企业消费税的基本计税方法和税务会计处理方法;掌握酒类消费税会计核算、申报的特点,以及应交税款的计算、申报、缴纳和会计处理。

二、实验资料

1. 浙江江凌酒业有限公司为增值税一般纳税人,纳税人识别号为 913304010736123558,注册地址为杭州市余杭开发区鼓丰路 306 号,法人代表为周良程。开户银行为工行杭州市分行江塘支行,账号为 3301000023654116179。该公司生产和销售葡萄酒。2018 年 8 月末,该公司库存的用于生产应税葡萄酒的外购已税葡萄酒买价为 2 000 000 元。2018 年 8 月末,"应交税费——应交消费税"账户和"应交税费——待抵扣消费税"账户余额分别为 360 000 元(为上期申报表期末未缴税额)和 200 000 元。

2. 2018 年 9 月,该公司发生的与消费税有关的经济业务如下:

业务 1　10 日,外购已税葡萄酒,以该葡萄酒为原料用于连续生产葡萄酒,取得增值税专用发票(号码 00118910)上注明的金额为 6 000 000 元、增值税额为 960 000 元,款项通过银行支付。材料于当日验收入库。

业务 2　15 日,以银行存款缴纳上月应交消费税 360 000 元。

业务 3　16 日,以进口葡萄酒为原料用于连续生产葡萄酒,取得《海关进口消费税专用缴款书》(号码 330456123000798127－y02),关税完税价格为 9 473 684.21 元,关税税率为 14%,消费税税率为 10%,增值税税率为 16%,并于当日缴纳消费税额和增值税额;支付境内运输费,取得的增值税专用发票上注明的金额为 30 000 元、增值税额为 3 000 元。

业务 4　17 日,领用上月末库存全部外购已税葡萄酒为原料用于连续生产葡萄酒。

业务 5　18 日,领用本月进口的葡萄酒为原料用于连续生产葡萄酒,领用进口的葡萄酒的金额(组成计税价格)为 8 000 000 元。

业务 6　30 日,本月销售自产葡萄酒 200 吨,不含税销售额为 16 000 000 元、增值税税率为 16%,40%价税款收存银行存款户,其余为应收款。

业务 7　30 日,本月新研制生产的高档葡萄酒 200 千克用于职工福利,无同类产品销售价格,生产成本为 30 000 元,成本利润率为 5%。

三、实验要求

(一)根据上述资料编制有关会计分录。

(二)计提本月应纳消费税额(消费税税率为 10%)。

(三)分别登记外购、委托加工抵扣税款台账,计算并结转本月可抵扣的消费税额。

(四)填制消费税纳税申报表及其附表(见表 2-8 至表 2-10),并编制缴纳消费税的会计分录。

表 2-8　酒类应税消费品消费税纳税申报表

税款所属期:　　年　月　日至　　年　月　日

纳税人识别号:

纳税人名称(公章):　　　　　填表日期:　　年　月　日　　　　金额单位:元(列至角分)

项目 应税消费品名称	适用税率		销售数量	销售额	应纳税额
	定额税率	比例税率			
粮食白酒	0.5 元/斤	20%			
薯类白酒	0.5 元/斤	20%			
啤酒	250 元/吨	—			
啤酒	220 元/吨	—			
黄酒	240 元/吨	—			
其他酒	—	10%			
合计	—	—		—	

本期准予抵减税额:	**声明** 此纳税申报表是根据国家税收法律的规定填报的,我确定它是真实的、可靠的、完整的。
本期减(免)税额:	经办人(签章): 财务负责人(签章): 联系电话:
期初未缴税额:	
本期缴纳前期应纳税额:	如果你已委托代理人申报,请填写) **授权声明** 为代理一切税务事宜,现授权
本期预缴税额:	(地址)_____为本纳税人的代理申报人,任何与本申报表有关的往来文件,都可寄予此人。
本期应补(退)税额:	
期末未缴税额:	授权人签章:

以下由税务机关填写

受理人(签章):　　　　　　受理日期:　　年　月　日　　　　受理税务机关(章):

填报说明:

(1) 本表仅限酒类应税消费品消费税纳税人使用。

(2) 本表"税款所属期"是指纳税人申报的消费税应纳税额的所属时间,应填写具体的起止年、月、日。

(3) 本表"纳税人识别号"栏,填写纳税人的税务登记证号码。

(4) 本表"纳税人名称"栏,填写纳税人单位名称全称。

(5) 本表"销售数量"为《中华人民共和国消费税暂行条例》《中华人民共和国消费税暂行条例实施细则》及其他法规、规章规定的当期应申报缴纳消费税的酒类应税消费品销售(不含出口免税)数量。计量单位:粮食白酒和薯类白酒为斤(如果实际销售商品按照体积标注计量单位,应按 500 毫升为 1 斤换算),啤酒、黄酒和其他酒为吨。

(6) 本表"销售额"为《中华人民共和国消费税暂行条例》《中华人民共和国消费税暂行条例实施细则》及其他法规、规章规定的当期应申报缴纳消费税的酒类应税消费品销售(不含出口免税)收入。

(7) 根据《中华人民共和国消费税暂行条例》和《财政部 国家税务总局关于调整酒类产品消费税政策的通知》(财税〔2001〕84 号)的规定,本表"应纳税额"计算公式如下:

A. 粮食白酒、薯类白酒

$$应纳税额＝销售数量×定额税率＋销售额×比例税率$$

B. 啤酒、黄酒

$$应纳税额＝销售数量×定额税率$$

C. 其他酒

$$应纳税额＝销售额×比例税率$$

(8) 本表"本期准予抵减税额"填写按税收法规规定的本期准予抵减的消费税应纳税额。其准予抵减的消费税应纳税额情况,需填报本表附 1《本期准予抵减(扣)税额计算表》予以反映。

"本期准予抵减税额"栏数值与本表附 1《本期准予抵减(扣)税额计算表》"本期准予抵减税款合计"栏数值一致。

(9) 本表"本期减(免)税额"不含出口退(免)税额。

(10) 本表"期初未缴税额"栏,填写本期期初累计应缴未缴的消费税额,多缴为负数。其数值等于上期申报表"期末未缴税额"栏数值。

(11) 本表"本期缴纳前期应纳税额"填写本期实际缴纳入库的前期应缴未缴消费税额。

(12) 本表"本期预缴税额"填写纳税申报前纳税人已预先缴纳入库的本期消费税额。

(13) 本表"本期应补(退)税额"填写纳税人本期应纳税额中应补缴或应退回的数额,计算公式如下,多缴为负数:

$$本期应补(退)税额＝应纳税额(合计栏金额)－本期准予抵减税额－本期减(免)税额－本期预缴税额$$

(14) 本表"期末未缴税额"填写纳税人本期期末应缴未缴的消费税额,计算公式如下,多缴为负数:

期末未缴税额＝期初未缴税额＋本期应补(退)税额－本期缴纳前期应纳税额

(15) 本表为 A4 竖式,所有数字小数点后保留两位。本表一式两份,一份纳税人留存,另一份税务机关留存。

表 2-9   本期准予抵减(扣)税额计算表(附 1)

税款所属期:　　　年　月　日至　　　年　月　日

纳税人名称(公章):　　　　　　纳税人识别号:□□□□□□□□□□□□□□□□□□□□

一、当期准予抵减的外购啤酒液已纳税款计算				
1. 期初库存外购啤酒液数量:				
2. 当期购进啤酒液数量:				
3. 期末库存外购啤酒液数量:				
4. 当期准予抵减的外购啤酒液已纳税款:				
二、当期准予抵扣的葡萄酒已纳税款:				
三、本期准予抵减(扣)税款合计:				
附:准予抵减消费税凭证明细				
啤酒 (增值税专用发票)	号码	开票日期	数量	单价	定额税率(元/吨)
	合计	—		—	—

填表日期:　　年　月　日　　　　　　　　　　　　　金额单位:元(列至角分)

填报说明:

(1) 本表作为《酒类应税消费品消费税纳税申报表》的附列资料,由以外购啤酒液为原料连续生产啤酒的纳税人、以外购(仅限从生产企业购进,下同)或进口葡萄酒为原料连续生产葡萄酒的纳税人填报。未发生以外购啤酒液为原料连续生产啤酒、以外购或进口葡萄酒为原料连续生产葡萄酒业务的纳税人不填报本表。

(2) 本表"税款所属期""纳税人名称""纳税人识别号"的填写同主表。

(3) 根据《国家税务总局关于用外购和委托加工收回的应税消费品连续生产应税消费品征收消费税问题的通知》(国税发〔1995〕94 号)和《国家税务总局关于啤酒集团内部企业间销售(调拨)啤酒液征收消费税问题的批复》(国税函〔2003〕382 号)的规定,本表"当期准予抵减的外购啤酒液已纳税款"的计算公式如下:

$$\text{当期准予抵减的外购啤酒液已纳税款} = \left(\text{期初库存外购啤酒液数量} + \text{当期购进啤酒液数量} - \text{期末库存外购啤酒液数量} \right) \times \text{外购啤酒液适用定额税率}$$

其中,外购啤酒液适用定额税率由购入方取得的销售方销售啤酒液所开具的增值税专用发票上记载的单价确定。适用定额税率不同的,应分别核算外购啤酒液数量和当期准予抵减的外购啤酒液已纳税款,并在表中填写合计数。

(4)本表"当期准予抵扣的葡萄酒已纳税款"栏,填写纳税人符合税收法规规定,在本期申报抵扣外购或进口用于连续生产的葡萄酒已纳消费税款,本栏数据与葡萄酒消费税抵扣税款台账第9栏"本月实际抵扣税额"数值一致。

(5)本表"本期准予抵减(扣)税款合计"栏数值应与《酒类应税消费品消费税纳税申报表》"本期准予抵减税额"栏数值一致。

(6)以外购啤酒液为原料连续生产啤酒的纳税人应在"附:准予抵减消费税凭证明细"栏据实填写购入啤酒液取得的增值税专用发票上载明的"号码""开票日期""数量""单价"等项目内容。

(7)本表为A4竖式,所有数字小数点后保留两位。本表一式两份,一份纳税人留存,另一份税务机关留存。

表2-10 葡萄酒消费税抵扣税款台账

所属月份: 年 月　　　　　　　　　　金额单位:元

日期	摘要	抵扣凭证类型	抵扣凭证号码	金额				可抵扣税额
月				购进	生产领用	其他领用	余额	
1	2	3	4	5	6	7	8	9
—	期初留抵税额	—	—	—	—	—	—	
—	期初库存	—	—					—
	本月购进合计							
—	本月生产领用合计	—	—	—			—	
—	本月其他领用合计	—	—	—			—	
—	期末库存	—	—					—
—	本月准予抵扣税额	—	—	—	—	—	—	
—	本月实际抵扣税额	—	—	—	—	—	—	
	期末留抵税额	—	—	—	—	—	—	

填报说明:

(1)本台账仅限于葡萄酒消费税纳税人使用。用于记录从生产企业购进、进口葡萄酒连续生产应税葡萄酒的生产领用情况,核算业务发生时准予扣除的已纳消费税税款。

(2)台账按月登记,2015年5月份启用台账时,期初库存为2015年4月进口葡萄酒期末库存。

(3)"期初留抵税额"数值等于上期"期末留抵税额",填写第9栏,首次填写本表,本栏次填写2015年1月进口葡萄酒期末留抵税额。

(4)"期初库存"填写第 8 栏,每月月初核算,上月期末库存数为本月期初库存数。

(5)发生每笔外购、进口葡萄酒业务时,填写第 1、第 2、第 3、第 4、第 5、第 9 栏。

第 1 栏填写外购、进口业务发生日期。

第 2 栏按照所发生的业务分别填写。发生外购业务,填外购;发生进口业务时,填进口。

第 3 栏按照所发生的业务分别填写。纳税人从葡萄酒生产企业购进葡萄酒,填增值税专用发票;纳税人进口葡萄酒,填海关进口消费税专用缴款书。

第 4 栏填写取得抵扣凭证的号码。

第 5、第 9 栏分别填写抵扣凭证注明的金额、已纳消费税税款。

(6)发生连续生产领用葡萄酒业务时,填写第 1、第 2、第 6、第 9 栏。

第 1 栏填写生产领用葡萄酒的日期。

第 2 栏填写"生产领用"。

第 6 栏填写生产领用葡萄酒的金额。

第 9 栏=第 6 栏×适用税率 10%。

(7)发生外购、进口葡萄酒其他领用业务时,填写 1、第 2、第 7、第 9 栏。

第 1 栏填写发生其他领用业务的日期。

第 2 栏按照所发生的其他领用业务分别填写。例如,发生直接销售业务,填直接销售。

第 7 栏填写其他领用业务的金额。

第 9 栏=第 7 栏×适用税率 10%。

(8)"本月购进合计",填写第 5、第 9 栏。

第 5 栏填写本月外购、进口葡萄酒的金额合计。

第 9 栏=第 5 栏×适用税率 10%。

(9)"本月生产领用合计",填写第 6、第 9 栏。

第 6 栏填写本月生产领用葡萄酒的金额合计。

第 9 栏=第 6 栏×适用税率 10%。

(10)"本月其他领用合计",填写第 7、第 9 栏。

第 7 栏填写本月其他领用葡萄酒的金额合计。

第 9 栏=第 7 栏×适用税率 10%。

(11)"期末库存",填写第 8 栏。

第 8 栏=期初库存金额+本月购进合计金额−本月生产领用合计金额−本月其他领用合计金额。

(12)"本月准予抵扣税额",填写第 9 栏。

第 9 栏=期初留抵税额+本月生产领用合计可抵扣税额。

(13)"本月实际抵扣税额",填写第 9 栏。

(14)"期末留抵税额",填写第 9 栏。

第 9 栏=本月准予抵扣税额−本月实际准予抵扣税额。

(15)本表为 A4 横式,所有数字小数点后保留两位。

实验项目 3 企业所得税会计实验

实验项目 3-1 企业所得税月(季)度预缴申报表编制会计实验

一、实验目的

通过月度企业所得税会计实验,学生应掌握预缴企业所得税的计算方法、预缴申报表的编制和会计处理方法。

二、实验资料

1. 嘉兴市盛夏机械设备股份有限公司属于非上市公司系金属加工机械制造业。纳税人识别号为91330411750265129N,注册地址为嘉兴市经济开发区塘并路125号,法定代表人为高丰。公司股本总额为4 100万元,其中,高丰投入2 000万元、陈兴投入1 500万元、唐红英投入600万元。开户银行为工行嘉兴市分行开发区支行,账号为3302000036489864388。该公司按《企业会计准则》进行会计核算,固定资产折旧方法采用年限平均法和年数总和法,存货计价方法为先进先出法,坏账损失核算采用备抵法。该公司为实行查账征收企业所得税的居民纳税人,税法规定的企业所得税税率为25%。

2. 2018年10月,该公司按《企业会计准则》确认的收入、费用、利得和损失如表3-1所示。

表 3-1 损益类账户 2018 年 1～10 月份发生额表 单位:元

科目名称	借方发生额		贷方发生额	
	1～9月	10月	1～9月	10月
主营业务收入			68 600 000	8 130 000
其他业务收入			3 500 000	1 360 000
主营业务成本	41 563 000	5 594 000		
其他业务成本	2 800 000	700 000		
税金及附加	632 000	82 000		
销售费用	10 220 000	630 000		
管理费用	10 230 000	1 200 000		
财务费用	265 000	60 000		
公允价值变动损益				
资产减值损失				
投资收益				3 025 000
营业外收入			20 000	60 000
营业外支出	380 000	180 000		
所得税费用	1 270 000			

注:①1～10月实际已预缴企业所得税1 270 000元。②1～9月的利润总额为603万元;10月的利润总额为412.9万元。

3. 公司的税务会计按照企业所得税法律规定,对 2018 年与企业所得税有关的经济业务进行分析如下:

业务 1 截至 10 月,投资收益中:①国债利息收入 25 000 元。②交易性金融资产持有期间应收现金股利 100 000 元。③进行长期股权投资(海丰设备制造有限公司、按成本法核算,投资比例为 52%,投资成本为 4 000 万元)收到现金股利 2 900 000 元,该现金股利为符合条件的居民企业之间的股息、红利等权益性投资收益。

业务 2 计提资产减值准备在 2018 年年末进行。本年实际发生坏账损失 50 000 元系晨明有限公司所欠应收账款,已取得该公司破产证明。

业务 3 10 月,购入专门用于研究开发设备的原值 74 万元,预计残值 2 万元,税法一次性扣除,会计采用年限平均法,折旧年限 10 年。

业务 4 8 月,购入一台生产设备,其原值为 630 万元,预计残值为 0,税法最低折旧年限为 10 年,会计和税法均采用年数总和法计提折旧。

按照《财政部 国家税务总局关于完善固定资产加速折旧税收政策有关问题的通知》(财税〔2014〕75 号)、《财政部 国家税务总局关于进一步完善固定资产加速折旧企业所得税政策的通知》(财税〔2015〕106 号)等规定,该公司为重要行业,对于新购进的固定资产在税收上采取加速折旧政策。

业务 5 截至 10 月,累计发生研发费用 220 万元。其中,10 月份发生研发费用 30 万元,符合加计扣除条件。

业务 6 1~9 月,除上述事项存在会计与税法处理不一致外,其余无纳税调减。

三、实验要求

(一) 根据上述资料编制月度企业所得税预缴纳税申报表及其附表(见表 3-2 至表 3-7)。

A200000

表 3-2 中华人民共和国企业所得税月(季)度预缴纳税申报表(A 类,2018 年版)

税款所属期间: 年 月 日至   年 月 日

纳税人识别号(统一社会信用代码):☐☐☐☐☐☐☐☐☐☐☐☐☐☐☐☐☐☐

纳税人名称: 金额单位:人民币元(列至角分)

预缴方式	☐ 按照实际利润额预缴	☐ 按照上一纳税年度应纳税所得额平均额预缴		☐ 按照税务机关确定的其他方法预缴
企业类型	☐ 一般企业	☐ 跨地区经营汇总纳税企业总机构		☐ 跨地区经营汇总纳税企业分支机构
预缴税款计算				
行次	项 目			本年累计金额
1	营业收入			
2	营业成本			
3	利润总额			
4	加:特定业务计算的应纳税所得额			
5	减:不征税收入			
6	减:免税收入、减计收入、所得减免等优惠金额(填写 A201010)			
7	减:固定资产加速折旧(扣除)调减额(填写 A201020)			

（续表）

行次	项 目	本年累计金额
8	减：弥补以前年度亏损	
9	实际利润额(3+4-5-6-7-8)\按照上一纳税年度应纳税所得额平均额确定的应纳税所得额	
10	税率(25%)	
11	应纳所得税额(9×10)	
12	减：减免所得税额(填写A201030)	
13	减：实际已缴纳所得税额	
14	减：特定业务预缴(征)所得税额	
15	本期应补(退)所得税额(11-12-13-14)\税务机关确定的本期应纳所得税额	
汇总纳税企业总分机构税款计算		
16	总机构填报	总机构本期分摊应补(退)所得税额(17+18+19)	
17		其中：总机构分摊应补(退)所得税额(15×总机构分摊比例___%)	
18		财政集中分配应补(退)所得税额(15×财政集中分配比例___%)	
19		总机构具有主体生产经营职能的部门分摊所得税额(15×全部分支机构分摊比例___%×总机构具有主体生产经营职能部门分摊比例___%)	
20	分支机构填报	分支机构本期分摊比例	
21		分支机构本期分摊应补(退)所得税额	

附 报 信 息

小型微利企业	□ 是 □ 否	科技型中小企业	□ 是 □ 否
高新技术企业	□ 是 □ 否	技术入股递延纳税事项	□ 是 □ 否
期末从业人数			

谨声明：此纳税申报表是根据《中华人民共和国企业所得税法》《中华人民共和国企业所得税法实施条例》以及有关税收政策和国家统一会计制度的规定填报的，是真实的、可靠的、完整的。

法定代表人(签章)： 年 月 日

纳税人公章： 会计主管： 填表日期： 年 月 日	代理申报中介机构公章： 经办人： 经办人执业证件号码： 代理申报日期： 年 月 日	主管税务机关受理专用章： 受理人： 受理日期： 年 月 日

国家税务总局监制

填报说明：

（1）适用范围。本表适用于实行查账征收企业所得税的居民企业纳税人（以下简称"纳税人"）在月（季）度预缴纳税申报时填报。执行《跨地区经营汇总纳税企业所得税征收管理办法》（国家税务总局公告2012年第57号发布）的跨地区经营汇总纳税企业的分支机构，在年度纳税申报时填报本表。省（自治区、直辖市和计划单列市）税务机关对仅在本省（自治区、直辖市和计划单列市）内设立不具有法人资格分支机构的企业，参照《跨地区经营汇总纳税企业所得税征收管理办法》征收管理的,企业的分支机构在年度纳税申报时填报本表。

(2) 表头项目。

A. 税款所属期间。

a. 月(季)度预缴纳税申报。正常情况填报税款所属期月(季)度第一日至税款所属期月(季)度最后一日;年度中间开业的纳税人,在首次月(季)度预缴纳税申报时,填报开始经营之日至税款所属期月(季)度最后一日,以后月(季)度预缴纳税申报时按照正常情况填报;年度中间终止经营活动的纳税人,在终止经营活动当期纳税申报时,填报税款所属期月(季)度第一日至终止经营活动之日,以后月(季)度预缴纳税申报表不再填报。

b. 年度纳税申报。填报税款所属年度 1 月 1 日至 12 月 31 日。

B. 纳税人识别号(统一社会信用代码):填报税务机关核发的纳税人识别号或有关部门核发的统一社会信用代码。

C. 纳税人名称:填报营业执照、税务登记证等证件载明的纳税人名称。

(3) 有关项目填报说明。

A. 预缴方式:纳税人根据情况选择。

"按照上一纳税年度应纳税所得额平均额预缴"和"按照税务机关确定的其他方法预缴"两种预缴方式属于税务行政许可事项,纳税人需要履行行政许可相关程序。

B. 企业类型:纳税人根据情况选择。

纳税人为《跨地区经营汇总纳税企业所得税征收管理办法》规定的跨省、自治区、直辖市和计划单列市设立不具有法人资格分支机构的跨地区经营汇总纳税企业,总机构选择"跨地区经营汇总纳税企业总机构";仅在同一省、自治区、直辖市和计划单列市内设立不具有法人资格分支机构的跨地区经营汇总纳税企业,并且总机构、分支机构参照《跨地区经营汇总纳税企业所得税征收管理办法》规定征收管理的,总机构选择"跨地区经营汇总纳税企业总机构"。

纳税人为《跨地区经营汇总纳税企业所得税征收管理办法》规定的跨省、自治区、直辖市和计划单列市设立不具有法人资格分支机构的跨地区经营汇总纳税企业,分支机构选择"跨地区经营汇总纳税企业分支机构";仅在同一省、自治区、直辖市和计划单列市内设立不具有法人资格分支机构的跨地区经营汇总纳税企业,并且总机构、分支机构参照《跨地区经营汇总纳税企业所得税征收管理办法》规定征收管理的,分支机构选择"跨地区经营汇总纳税企业分支机构"。

上述企业以外的其他企业选择"一般企业"。

C. 预缴税款计算:预缴方式选择"按照实际利润额预缴"的纳税人填报第 1 行至第 15 行,预缴方式选择"按照上一纳税年度应纳税所得额平均额预缴"的纳税人填报第 9、第 10、第 11、第 12、第 13、第 15 行,预缴方式选择"按照税务机关确定的其他方法预缴"的纳税人填报第 15 行。

第 1 行"营业收入":填报纳税人截至本税款所属期末,按照国家统一会计制度规定核算的本年累计营业收入。例如,以前年度已经开始经营且按季度预缴纳税申报的纳税人,第二季度预缴纳税申报时本行填报本年 1 月 1 日至 6 月 30 日期间的累计营业收入。

第 2 行"营业成本":填报纳税人截至本税款所属期末,按照国家统一会计制度规定核算的本年累计营业成本。

第 3 行"利润总额":填报纳税人截至本税款所属期末,按照国家统一会计制度规定核算的本年累计利润总额。

第4行"加:特定业务计算的应纳税所得额":从事房地产开发等特定业务的纳税人,填报按照税收规定计算的特定业务的应纳税所得额。房地产开发企业销售未完工开发产品取得的预售收入,按照税收规定的预计计税毛利率计算的预计毛利额填入此行。企业开发产品完工后,其未完工预售环节按照税收规定的预计计税毛利率计算的预计毛利额在汇算清缴时调整,月(季)度预缴纳税申报时不调整。本行填报金额不得小于本年上期申报金额。

第5行"减:不征税收入":填报纳税人已经计入本表"利润总额"行次但属于税收规定的不征税收入的本年累计金额。

第6行"减:免税收入、减计收入、所得减免等优惠金额":填报属于税收规定的免税收入、减计收入、所得减免等优惠的本年累计金额。本行根据《免税收入、减计收入、所得减免等优惠明细表》(A201010)填报。

第7行"减:固定资产加速折旧(扣除)调减额":填报固定资产税收上享受加速折旧优惠计算的折旧额大于同期会计折旧额期间,发生纳税调减的本年累计金额。本行根据《固定资产加速折旧(扣除)明细表》(A201020)填报。

第8行"减:弥补以前年度亏损":填报纳税人截至税款所属期末,按照税收规定在企业所得税税前弥补的以前年度尚未弥补亏损的本年累计金额。当本表第3行+第4行-第5行-第6行-第7行≤0时,本行=0。

第9行"实际利润额\按照上一纳税年度应纳税所得额平均额确定的应纳税所得额":预缴方式选择"按照实际利润额预缴"的纳税人,根据本表相关行次计算结果填报,第9行=第3行+第4行-第5行-第6行-第7行-第8行;预缴方式选择"按照上一纳税年度应纳税所得额平均额预缴"的纳税人,填报按照上一纳税年度应纳税所得额平均额计算的本年累计金额。

第10行"税率(25%)":填报25%。

第11行"应纳所得税额":根据相关行次计算结果填报。第11行=第9行×第10行,且第11行≥0。

第12行"减:减免所得税额":填报纳税人截至税款所属期末,按照税收规定享受的减免企业所得税的本年累计金额。本行根据《减免所得税额明细表》(A201030)填报。

第13行"减:实际已缴纳所得税额":填报纳税人按照税收规定已在此前月(季)度申报预缴企业所得税的本年累计金额。建筑企业总机构直接管理的跨地区设立的项目部,按照税收规定已经向项目所在地主管税务机关预缴企业所得税的金额不填本行,而是填入本表第14行。

第14行"减:特定业务预缴(征)所得税额":填报建筑企业总机构直接管理的跨地区设立的项目部,按照税收规定已经向项目所在地主管税务机关预缴企业所得税的本年累计金额。本行本期填报金额不得小于本年上期申报的金额。

第15行"本期应补(退)所得税额\税务机关确定的本期应纳所得税额":按照不同预缴方式,分情况填报:①预缴方式选择"按照实际利润额预缴"和"按照上一纳税年度应纳税所得额平均额预缴"的纳税人根据本表相关行次计算填报。第15行=第11行-第12行-第13行-第14行,当第11行-第12行-第13行-第14行<0时,本行填0;其中,企业所得税收入全额归属中央且按比例就地预缴企业的分支机构,以及在同一省、自治区、直辖市和计划单列市内的按比例就地预缴企业的分支机构,第15行=第11行×就地预缴比例-第12行×就地

预缴比例—第13行—第14行,当第15行=第11行×就地预缴比例—第12行×就地预缴比例—第13行—第14行<0时,本行填0。②预缴方式选择"按照税务机关确定的其他方法预缴"的纳税人填报本期应纳企业所得税的金额。

D. 汇总纳税企业总分机构税款计算:企业类型选择"跨地区经营汇总纳税企业总机构"的纳税人填报第16行、第17行、第18行、第19行;企业类型选择"跨地区经营汇总纳税企业分支机构"的纳税人填报第20行、第21行。

第16行"总机构本期分摊应补(退)所得税额":跨地区经营汇总纳税企业的总机构根据相关行次计算结果填报,第16行=第17行+第18行+第19行。

第17行"其中:总机构分摊应补(退)所得税额":根据相关行次计算结果填报,第17行=第15行×总机构分摊比例。其中:跨省、自治区、直辖市、计划单列市经营的汇总纳税企业"总机构分摊比例"填报25%,同一省(自治区、直辖市、计划单列市)内跨地区经营汇总纳税企业"总机构分摊比例"按照各省(自治区、直辖市和计划单列市)确定的总机构分摊比例填报。

第18行"财政集中分配应补(退)所得税额":根据相关行次计算结果填报,第18行=第15行×财政集中分配比例。其中:跨省(自治区、直辖市和计划单列市)经营的汇总纳税企业"财政集中分配比例"填报25%,同一省(自治区、直辖市、计划单列市)内跨地区经营汇总纳税企业"财政集中分配比例"按照各省(自治区、直辖市和计划单列市)确定的财政集中分配比例填报。

第19行"总机构具有主体生产经营职能的部门分摊所得税额":根据相关行次计算结果填报,第19行=第15行×全部分支机构分摊比例×总机构具有主体生产经营职能部门分摊比例。其中:跨省(自治区、直辖市和计划单列市)经营的汇总纳税企业"全部分支机构分摊比例"填报50%,同一省(自治区、直辖市、计划单列市)内跨地区经营汇总纳税企业"分支机构分摊比例"按照各省(自治区、直辖市和计划单列市)确定的分支机构分摊比例填报;"总机构具有主体生产经营部门分摊比例"按照设立的具有主体生产经营职能的部门在参与税款分摊的全部分支机构中的分摊比例填报。

第20行"分支机构本期分摊比例":跨地区经营汇总纳税企业分支机构填报其总机构出具的本期《企业所得税汇总纳税分支机构所得税分配表》"分配比例"列次中列示的本分支机构的分配比例。

第21行"分支机构本期分摊应补(退)所得税额":跨地区经营汇总纳税企业分支机构填报其总机构出具的本期《企业所得税汇总纳税分支机构所得税分配表》"分配所得税额"列次中列示的本分支机构应分摊的所得税额。

(4)附报信息。

企业类型选择"跨地区经营汇总纳税企业分支机构"的,不填报"附报信息"所有项目。

A. 小型微利企业:本栏次为必报项目,按照以下规则选择:

a. 以前年度成立企业。

第一,上一纳税年度汇算清缴符合小型微利企业条件,且本期本表第9行"实际利润额\按照上一纳税年度应纳税所得额平均额确定的应纳税所得额"填报的金额符合小型微利企业应纳税所得额条件的纳税人,选择"是"。

第二,上一纳税年度汇算清缴符合小型微利企业条件,但本期本表第9行"实际利润额\按照上一纳税年度应纳税所得额平均额确定的应纳税所得额"填报的金额不符合小型微利企业应纳税所得额条件的纳税人,选择"否"。

第三,上一纳税年度汇算清缴不符合小型微利企业条件,但预计本年度资产总额、从业人数、从事行业符合小型微利企业条件且本期本表第9行"实际利润额\按照上一纳税年度应纳税所得额平均额确定的应纳税所得额"填报的金额符合小型微利企业应纳税所得额条件的纳税人,选择"是"。

第四,上一纳税年度汇算清缴不符合小型微利企业条件,预计本年度资产总额、从业人数、从事行业不符合小型微利企业条件或者本期本表第9行"实际利润额\按照上一纳税年度应纳税所得额平均额确定的应纳税所得额"填报的金额不符合小型微利企业应纳税所得额条件的纳税人,选择"否"。

b. 本年度成立企业。

第一,本年度新成立企业,预计本年度资产总额、从业人数、从事行业符合小型微利企业条件且本期本表第9行"实际利润额\按照上一纳税年度应纳税所得额平均额确定的应纳税所得额"填报的金额符合小型微利企业应纳税所得额条件的纳税人,选择"是"。

第二,本年度新成立企业,预计本年度资产总额、从业人数、从事行业不符合小型微利企业条件或者本期本表第9行"实际利润额\按照上一纳税年度应纳税所得额平均额确定的应纳税所得额"填报的金额不符合小型微利企业应纳税所得额条件的纳税人,选择"否"。

c. 以前年度成立企业在本年度第一季度预缴企业所得税时,如未完成上一纳税年度汇算清缴,无法判断上一纳税年度是否符合小型微利企业条件的,可暂按照上一纳税年度第四季度的预缴企业所得税情况判别。

B. 科技型中小企业:本栏次为必报项目。符合条件的纳税人可以按照《科技型中小企业评价办法》进行自主评价,并按照自愿原则到"全国科技型中小企业信息服务平台"填报企业信息,经公示无异议后纳入"全国科技型中小企业信息库"。凡是取得本年"科技型中小企业入库登记编号"且编号有效的纳税人,选择"是";未取得本年"科技型中小企业入库登记编号"或者已取得本年"科技型中小企业入库登记编号"但被科技管理部门撤销登记编号的纳税人,选择"否"。

C. 高新技术企业:本栏次为必报项目。根据《高新技术企业认定管理办法》《高新技术企业认定管理工作指引》等文件规定,符合条件的纳税人履行相关认定程序后取得"高新技术企业证书"。凡是取得"高新技术企业证书"且在有效期内的纳税人,选择"是";未取得"高新技术企业证书"或者"高新技术企业证书"不在有效期内的纳税人,选择"否"。

D. 技术入股递延纳税事项:本栏次为必报项目。根据《财政部 国家税务总局关于完善股权激励和技术入股有关所得税政策的通知》(财税〔2016〕101号)文件规定,企业以技术成果投资入股到境内居民企业,被投资企业支付的对价全部为股票(权)的,企业可以选择适用递延纳税优惠政策。本年内发生以技术成果投资入股且选择适用递延纳税优惠政策的纳税人,选择"是";本年内未发生以技术成果投资入股或者以技术成果投资入股但选择继续按现行有关税收政策执行的纳税人,选择"否"。

E. 期末从业人数:本栏次为必报项目。

纳税人填报税款所属期期末从业人员的数量。从业人数是指与企业建立劳动关系的职工人数和企业接受的劳务派遣用工人数之和。汇总纳税企业总机构填报包括分支机构在内的所有从业人数。

（5）表内表间关系。

A.表内关系

a.预缴方式选择"按照实际利润额预缴"的纳税人，第9行＝第3行＋第4行－第5行－第6行－第7行－第8行。

b.第11行＝第9行×第10行。

c.预缴方式选择"按照实际利润额预缴""按照上一纳税年度应纳税所得额平均额预缴"的纳税人，第15行＝第11行－第12行－第13行－第14行。当第11行－第12行－第13行－第14行＜0时，第15行＝0。其中，企业所得税收入全额归属中央且按比例就地预缴企业的分支机构，以及在同一省、自治区、直辖市和计划单列市内的按比例就地预缴企业的分支机构，第15行＝第11行×就地预缴比例－第12行×就地预缴比例－第13行－第14行。当第15行＝第11行×就地预缴比例－第12行×就地预缴比例－第13行－第14行＜0时，第15行＝0。

d.第16行＝第17行＋第18行＋第19行。

e.第17行＝第15行×总机构分摊比例。

f.第18行＝第15行×财政集中分配比例。

g.第19行＝第15行×全部分支机构分摊比例×总机构具有主体生产经营职能部门分摊比例。

B.表间关系

a.第6行＝表A201010第41行。

b.第7行＝表A201020第5行第5列。

c.第12行＝表A201030第30行。

d.第15行＝表A202000"应纳所得税额"栏次填报的金额。

e.第17行＝表A202000"总机构分摊所得税额"栏次填报的金额。

f.第18行＝表A202000"总机构财政集中分配所得税额"栏次填报的金额。

g.第19行＝表A202000"分支机构情况"中对应总机构独立生产经营部门行次的"分配所得税额"列次填报的金额。

A201010

表3-3　免税收入、减计收入、所得减免等优惠明细表

行次	项　　目	本年累计金额
1	一、免税收入(2+3+6+7+…+15)	
2	（一）国债利息收入免征企业所得税	
3	（二）符合条件的居民企业之间的股息、红利等权益性投资收益免征企业所得税	
4	其中：内地居民企业通过沪港通投资且连续持有H股满12个月取得的股息红利所得免征企业所得税	
5	内地居民企业通过深港通投资且连续持有H股满12个月取得的股息红利所得免征企业所得税	
6	（三）符合条件的非营利组织的收入免征企业所得税	
7	（四）符合条件的非营利组织(科技企业孵化器)的收入免征企业所得税	
8	（五）符合条件的非营利组织(国家大学科技园)的收入免征企业所得税	

（续表）

行次	项　　目	本年累计金额
9	（六）中国清洁发展机制基金取得的收入免征企业所得税	
10	（七）投资者从证券投资基金分配中取得的收入免征企业所得税	
11	（八）取得的地方政府债券利息收入免征企业所得税	
12	（九）中国保险保障基金有限责任公司取得的保险保障基金等收入免征企业所得税	
13	（十）中国奥委会取得北京冬奥组委支付的收入免征企业所得税	
14	（十一）中国残奥委会取得北京冬奥组委分期支付的收入免征企业所得税	
15	（十二）其他	
16	二、减计收入(17＋18＋22＋23)	
17	（一）综合利用资源生产产品取得的收入在计算应纳税所得额时减计收入	
18	（二）金融、保险等机构取得的涉农利息、保费减计收入(19＋20＋21)	
19	1. 金融机构取得的涉农贷款利息收入在计算应纳税所得额时减计收入	
20	2. 保险机构取得的涉农保费收入在计算应纳税所得额时减计收入	
21	3. 小额贷款公司取得的农户小额贷款利息收入在计算应纳税所得额时减计收入	
22	（三）取得铁路债券利息收入减半征收企业所得税	
23	（四）其他	
24	三、加计扣除(25＋26＋27＋28)	＊
25	（一）开发新技术、新产品、新工艺发生的研究开发费用加计扣除	＊
26	（二）科技型中小企业开发新技术、新产品、新工艺发生的研究开发费用加计扣除	＊
27	（三）企业为获得创新性、创意性、突破性的产品进行创意设计活动而发生的相关费用加计扣除	＊
28	（四）安置残疾人员所支付的工资加计扣除	＊
29	四、所得减免(30＋33＋34＋35＋36＋37＋38＋39＋40)	
30	（一）从事农、林、牧、渔业项目的所得减免征收企业所得税(31＋32)	
31	1. 免税项目	
32	2. 减半征收项目	
33	（二）从事国家重点扶持的公共基础设施项目投资经营的所得定期减免企业所得税	
34	（三）从事符合条件的环境保护、节能节水项目的所得定期减免企业所得税	
35	（四）符合条件的技术转让所得减免征收企业所得税	
36	（五）实施清洁发展机制项目的所得定期减免企业所得税	
37	（六）符合条件的节能服务公司实施合同能源管理项目的所得定期减免企业所得税	
38	（七）线宽小于130纳米的集成电路生产项目的所得减免企业所得税	
39	（八）线宽小于65纳米或投资额超过150亿元的集成电路生产项目的所得减免企业所得税	
40	（九）其他	
41	合计(1＋16＋24＋29)	

填报说明:

(1) 本表为《中华人民共和国企业所得税月(季)度预缴纳税申报表(A 类)》(A200000)附表,适用于享受免税收入、减计收入、所得减免等税收优惠政策的实行查账征收企业所得税的居民企业纳税人填报。纳税人根据税收规定,填报本年发生的累计优惠情况。

(2) 有关项目填报说明。

A. 总体说明:本表各行次填报的金额均为本年累计金额,即纳税人截至本税款所属期末,按照税收规定计算的免税收入、减计收入、所得减免等税收优惠政策的本年累计减免金额。

按照目前税收规定,加计扣除优惠政策汇算清缴时享受,第 24 行、第 25 行、第 26 行、第 27 行、第 28 行月(季)度预缴纳税申报时不填报。

当《中华人民共和国企业所得税月(季)度预缴纳税申报表(A 类)》(A200000)第 3 行+第 4 行-第 5 行减本表第 1 行+第 16 行+第 24 行大于零时,可以填报本表第 29 行至第 40 行。

B. 行次说明:

第 1 行"一、免税收入":根据相关行次计算结果填报。本行=第 2 行+第 3 行+第 6 行+第 7 行+……+第 15 行。

第 2 行"(一)国债利息收入免征企业所得税":填报纳税人根据《国家税务总局关于企业国债投资业务企业所得税处理问题的公告》(国家税务总局公告 2011 年第 36 号)等相关税收政策规定的,持有国务院财政部门发行的国债取得的利息收入。

第 3 行"(二)符合条件的居民企业之间的股息、红利等权益性投资收益免征企业所得税":填报发生的符合条件的居民企业之间的股息、红利等权益性投资收益情况,不包括连续持有居民企业公开发行并上市流通的股票不足 12 个月取得的投资收益。本行包括内地居民企业通过沪港通投资且连续持有 H 股满 12 个月取得的股息红利所得、内地居民企业通过深港通投资且连续持有 H 股满 12 个月取得的股息红利所得的情况。

第 4 行"其中:内地居民企业通过沪港通投资且连续持有 H 股满 12 个月取得的股息红利所得免征企业所得税":填报根据《财政部　国家税务总局　证监会关于沪港股票市场交易互联互通机制试点有关税收政策的通知》(财税〔2014〕81 号)等相关税收政策规定的,内地居民企业通过沪港通投资且连续持有 H 股满 12 个月取得的股息红利所得。

第 5 行"内地居民企业通过深港通投资且连续持有 H 股满 12 个月取得的股息红利所得免征企业所得税":填报根据《财政部　国家税务总局　证监会关于深港股票市场交易互联互通机制试点有关税收政策的通知》(财税〔2016〕127 号)等相关税收政策规定的,内地居民企业通过深港通投资且连续持有 H 股满 12 个月取得的股息红利所得。

第 6 行"(三)符合条件的非营利组织的收入免征企业所得税":填报根据《财政部　国家税务总局关于非营利组织企业所得税免税收入问题的通知》(财税〔2009〕122 号)和《财政部　税务总局关于非营利组织免税资格认定管理有关问题的通知》(财税〔2018〕13 号)等相关税收政策规定的,同时符合条件并依法履行登记手续的非营利组织,取得的捐赠收入等免税收入,但不包括从事营利性活动所取得的收入。符合条件的非营利组织(科技企业孵化器)的收入免征企业所得税、符合条件的非营利组织(国家大学科技园)的收入免征企业所得税的情况不在本行填报。

第 7 行"(四)符合条件的非营利组织(科技企业孵化器)的收入免征企业所得税":填报根据《财政部　国家税务总局关于非营利组织企业所得税免税收入问题的通知》(财税〔2009〕122

号)《财政部 国家税务总局关于科技企业孵化器税收政策的通知》(财税〔2016〕89 号)《财政部 税务总局关于非营利组织免税资格认定管理有关问题的通知》(财税〔2018〕13 号)等相关税收政策规定的,符合非营利组织条件的科技企业孵化器的收入。

第 8 行"(五)符合条件的非营利组织(国家大学科技园)的收入免征企业所得税":填报根据《财政部 国家税务总局关于非营利组织企业所得税免税收入问题的通知》(财税〔2009〕122 号)《财政部 国家税务总局关于国家大学科技园税收政策的通知》(财税〔2016〕98 号)《财政部 税务总局关于非营利组织免税资格认定管理有关问题的通知》(财税〔2018〕13 号)等相关税收政策规定的,符合非营利组织条件的国家大学科技园的收入。

第 9 行"(六)中国清洁发展机制基金取得的收入免征企业所得税":填报根据《财政部 国家税务总局关于中国清洁发展机制基金及清洁发展机制项目实施企业有关企业所得税政策问题的通知》(财税〔2009〕30 号)等相关税收政策规定的,中国清洁发展机制基金取得的 CDM 项目温室气体减排量转让收入上缴国家的部分,国际金融组织赠款收入,基金资金的存款利息收入、购买国债的利息收入,国内外机构、组织和个人的捐赠收入。

第 10 行"(七)投资者从证券投资基金分配中取得的收入免征企业所得税":填报根据《财政部 国家税务总局关于企业所得税若干优惠政策的通知》(财税〔2008〕1 号)第二条第(二)项等相关税收政策规定的,投资者从证券投资基金分配中取得的收入。

第 11 行"(八)取得的地方政府债券利息收入免征企业所得税":填报纳税人根据《财政部 国家税务总局关于地方政府债券利息所得免征所得税问题的通知》(财税〔2011〕76 号)和《财政部 国家税务总局关于地方政府债券利息免征所得税问题的通知》(财税〔2013〕5 号)等相关税收政策规定的,取得的 2009 年、2010 年和 2011 年发行的地方政府债券利息所得,2012 年及以后年度发行的地方政府债券利息收入。

第 12 行"(九)中国保险保障基金有限责任公司取得的保险保障基金等收入免征企业所得税":填报中国保险保障基金有限责任公司按照《财政部 税务总局关于保险保障基金有关税收政策问题的通知》(财税〔2018〕41 号)等税收政策规定,根据《保险保障基金管理办法》取得的境内保险公司依法缴纳的保险保障基金;依法从撤销或破产保险公司清算财产中获得的受偿收入和向有关责任方追偿所得,以及依法从保险公司风险处置中获得的财产转让所得,接受捐赠所得,银行存款利息收入,购买政府债券、中央银行、中央企业和中央级金融机构发行债券的利息收入,国务院批准的其他资金运用取得的收入。

第 13 行"(十)中国奥委会取得北京冬奥组委支付的收入免征企业所得税":填报按照《财政部 税务总局 海关总署关于北京 2022 年冬奥会和冬残奥会税收政策的通知》(财税〔2017〕60 号)等相关税收政策规定的,对按中国奥委会、主办城市签订的《联合市场开发计划协议》和中国奥委会、主办城市、国际奥委会签订的《主办城市合同》规定,中国奥委会取得的由北京冬奥组委分期支付的收入、按比例支付的盈余分成收入。

第 14 行"(十一)中国残奥委会取得北京冬奥组委分期支付的收入免征企业所得税":填报按照《财政部 税务总局 海关总署关于北京 2022 年冬奥会和冬残奥会税收政策的通知》(财税〔2017〕60 号)等相关税收政策规定的,中国残奥委会根据《联合市场开发计划协议》取得的由北京冬奥组委分期支付的收入。

第 15 行"(十二)其他":填报纳税人享受的本表未列明的其他免税收入的税收优惠事项名称、减免税代码及免税收入金额。

第16行"二、减计收入"：根据相关行次计算结果填报。本行＝第17行＋第18行＋第22行＋第23行。

第17行"(一)综合利用资源生产产品取得的收入在计算应纳税所得额时减计收入"：填报纳税人综合利用资源生产产品取得的收入乘以10％的金额。

第18行"(二)金融、保险等机构取得的涉农利息、保费减计收入"：填报金融、保险等机构取得的涉农利息、保费收入减计收入的金额。本行填报第19行＋第20行＋第21行的合计金额。

第19行"1.金融机构取得的涉农贷款利息收入在计算应纳税所得额时减计收入"：填报金融机构取得农户小额贷款利息收入乘以10％的金额。

第20行"2.保险机构取得的涉农保费收入在计算应纳税所得额时减计收入"：填报保险公司为种植业、养殖业提供保险业务取得的保费收入乘以10％的金额。其中保费收入＝原保费收入＋分保费收入－分出保费收入。

第21行"3.小额贷款公司取得的农户小额贷款利息收入在计算应纳税所得额时减计收入"：填报根据《财政部　税务总局关于小额贷款公司有关税收政策的通知》(财税〔2017〕48号)等相关税收政策规定的，对经省级金融管理部门(金融办、局等)批准成立的小额贷款公司取得的农户小额贷款利息收入乘以10％的金额。

第22行"(三)取得铁路债券利息收入减半征收企业所得税"：填报根据《财政部　国家税务总局关于铁路建设债券利息收入企业所得税政策的通知》(财税〔2011〕99号)《财政部　国家税务总局关于2014—2015年铁路建设债券利息收入企业所得税政策的通知》(财税〔2014〕2号)《财政部　国家税务总局关于铁路债券利息收入所得税政策问题的通知》(财税〔2016〕30号)等相关税收政策规定的，对企业持有铁路建设债券、铁路债券等企业债券取得的利息收入乘以50％的金额。

第23行"(四)其他"：填报纳税人享受的本表未列明的其他减计收入的税收优惠事项名称、减免税代码及减计收入金额。

第24行"三、加计扣除"：根据相关行次计算结果填报。本行＝第25行＋第26行＋第27行＋第28行。月(季)度预缴纳税申报时，纳税人不填报本行。

第25行"(一)开发新技术、新产品、新工艺发生的研究开发费用加计扣除"：填报纳税人享受研发费加计扣除政策按照50％加计扣除的金额。月(季)度预缴纳税申报时，纳税人不填报本行。

第26行"(二)科技型中小企业开发新技术、新产品、新工艺发生的研究开发费用加计扣除"：填报科技型中小企业享受研发费加计扣除政策按照75％加计扣除的金额。月(季)度预缴纳税申报时，纳税人不填报本行。

第27行"(三)企业为获得创新性、创意性、突破性的产品进行创意设计活动而发生的相关费用加计扣除"：填报纳税人根据《财政部　国家税务总局　科技部关于完善研究开发费用税前加计扣除政策的通知》(财税〔2015〕119号)第二条第四项规定，为获得创新性、创意性、突破性的产品进行创意设计活动而发生的相关费用按照规定进行税前加计扣除的金额。月(季)度预缴纳税申报时，纳税人不填报本行。

第28行"(四)安置残疾人员所支付的工资加计扣除"：填报根据《财政部　国家税务总局关于安置残疾人员就业有关企业所得税优惠政策问题的通知》(财税〔2009〕70号)等相关税收

政策规定安置残疾人员的,在支付给残疾职工工资据实扣除的基础上,按照支付给残疾职工工资的100%加计扣除的金额。月(季)度预缴纳税申报时,纳税人不填报本行。

第29行"四、所得减免":根据相关行次计算结果填报。本行=第30行+第33行+第34行+第35行+第36行+第37行+第38行+第39行+第40行,同时本行≤表A200000第3行+第4行-第5行-本表第1行+第16行+第24行且本行≥0。

第30行"(一)从事农、林、牧、渔业项目的所得减免征收企业所得税":填报根据税收规定,从事农、林、牧、渔业项目发生的减征、免征企业所得税项目的所得额。本行=第31行+第32行。

第31行"1.免税项目":填报根据税收规定,从事农、林、牧、渔业项目发生的免征企业所得税项目的所得额。免征企业所得税项目主要有:蔬菜、谷物、薯类、油料、豆类、棉花、麻类、糖料、水果、坚果的种植;农作物新品种的选育;中药材的种植;林木的培育和种植;牲畜、家禽的饲养;林产品的采集;灌溉、农产品初加工、兽医、农技推广、农机作业和维修等农、林、牧、渔服务业项目;远洋捕捞等。当项目所得≤0时,本行不填列。纳税人有多个项目的,按前述规则分别确定各项目的金额后,将合计金额填入本行。

第32行"2.减半征收项目":填报根据税收规定,从事农、林、牧、渔业项目发生的减半征收企业所得税项目所得额的减半额。减半征收企业所得税项目主要有:花卉、茶以及其他饮料作物和香料作物的种植;海水养殖、内陆养殖等。本行=减半征收企业所得税项目的所得额×50%。当项目所得≤0时,本行不填列。纳税人有多个项目的,按前述规则分别确定各项目的金额后,将合计金额填入本行。

第33行"(二)从事国家重点扶持的公共基础设施项目投资经营的所得定期减免企业所得税":根据《财政部　国家税务总局关于执行公共基础设施项目企业所得税优惠目录有关问题的通知》(财税〔2008〕46号)《财政部　国家税务总局　国家发展改革委关于公布公共基础设施项目企业所得税优惠目录(2008年版)的通知》(财税〔2008〕116号)《国家税务总局关于实施国家重点扶持的公共基础设施项目企业所得税优惠问题的通知》(国税发〔2009〕80号)《财政部　国家税务总局关于公共基础设施项目和环境保护节能节水项目企业所得税优惠政策问题的通知》(财税〔2012〕10号)《财政部　国家税务总局关于继续实行农村饮水安全工程建设运营税收优惠政策的通知》(财税〔2016〕19号)《国家税务总局关于电网企业电网新建项目享受所得税优惠政策问题的公告》(国家税务总局公告2013年第26号)《财政部　国家税务总局关于公共基础设施项目享受企业所得税优惠政策问题的补充通知》(财税〔2014〕55号)等相关税收政策规定,从事《公共基础设施项目企业所得税优惠目录》规定的港口码头、机场、铁路、公路、城市公共交通、电力、水利等项目的投资经营的所得,自项目取得第一笔生产经营收入所属纳税年度起,第一年至第三年免征企业所得税,第四年至第六年减半征收企业所得税;不包括企业承包经营、承包建设和内部自建自用该项目的所得。免税期间,本行填报从事基础设施项目的所得额;减半征税期间,本行填报从事基础设施项目的所得额×50%的金额。当项目所得≤0时,本行不填列。纳税人有多个项目的,按前述规则分别确定各项目的金额后,将合计金额填入本行。

第34行"(三)从事符合条件的环境保护、节能节水项目的所得定期减免企业所得税":根据《财政部　国家税务总局　国家发展改革委关于公布环境保护节能节水项目企业所得税优惠目录(试行)的通知》(财税〔2009〕166号)《财政部　国家税务总局关于公共基础设施项目和环境保护节能节水项目企业所得税优惠政策问题的通知》(财税〔2012〕10 号)《财政部　国家税务总局　国家发展改革委关于垃圾填埋沼气发电列入〈环境保护、节能节水项目企业所得税优惠目录(试行)〉的通知》(财税〔2016〕131 号)等相关税收政策规定,从事符合条件的公共污水处理、公共垃圾处理、沼气综合开发利用、节能减排技术改造、海水淡化等环境保护、节能节水项目的所得,自项目取得第一笔生产经营收入所属纳税年度起,第一年至第三年免征企业所得税,第四年至第六年减半征收企业所得税。免税期间,填报项目所得;减半征税期间,填报项目所得额×50％的金额。当项目所得≤0 时,本行不填列。纳税人有多个项目的,按前述规则分别确定各项目的金额后,将合计金额填入本行。

　　第 35 行“(四)符合条件的技术转让所得减免征收企业所得税”:根据《国家税务总局关于技术转让所得减免企业所得税有关问题的通知》(国税函〔2009〕212 号)《财政部　国家税务总局关于居民企业技术转让有关企业所得税政策问题的通知》(财税〔2010〕111 号)《国家税务总局关于技术转让所得减免企业所得税有关问题的公告》(国家税务总局公告 2013 年第 62 号)《财政部　国家税务总局关于将国家自主创新示范区有关税收试点政策推广到全国范围实施的通知》(财税〔2015〕116 号)《国家税务总局关于许可使用权技术转让所得企业所得税有关问题的公告》(国家税务总局公告 2015 年第 82 号)等相关税收政策规定,一个纳税年度内,居民企业将其拥有的专利技术、计算机软件著作权、集成电路布图设计权、植物新品种、生物医药新品种,以及财政部和国家税务总局确定的其他技术的所有权或 5 年以上(含 5 年)全球独占许可使用权、5 年以上(含 5 年)非独占许可使用权转让取得的所得,不超过 500 万元的部分,免征企业所得税;超过 500 万元的部分,减半征收企业所得税。居民企业从直接或间接持有股权之和达到 100％的关联方取得的技术转让所得,不享受技术转让减免企业所得税优惠政策。转让所得不超过 500 万元且大于零的,本行＝转让所得;转让所得超过 500 万元的,本行＝500 万元＋(转让所得－500 万元)×50％。

　　第 36 行“(五)实施清洁发展机制项目的所得定期减免企业所得税”:根据《财政部　国家税务总局关于中国清洁发展机制基金及清洁发展机制项目实施企业有关企业所得税政策问题的通知》(财税〔2009〕30 号)等相关税收政策规定,对企业实施的将温室气体减排量转让收入的 65％上缴给国家的 HFC 和 PFC 类 CDM 项目,以及将温室气体减排量转让收入的 30％上缴给国家的 N2O 类 CDM 项目,其实施该类 CDM 项目的所得,自项目取得第一笔减排量转让收入所属纳税年度起,第一年至第三年免征企业所得税,第四年至第六年减半征收企业所得税。免税期间,本行填报项目所得额;减半征税期间,本行填报项目所得额×50％的金额。当项目所得≤0 时,本行不填列。纳税人有多个项目的,按照前述规则分别确定各项目的金额后,将合计金额填入本行。

　　第 37 行“(六)符合条件的节能服务公司实施合同能源管理项目的所得定期减免企业所得税”:根据《财政部　国家税务总局关于促进节能服务产业发展增值税营业税和企业所得税政策问题的通知》(财税〔2010〕110 号)《国家税务总局　国家发展改革委关于落实节能服务企业合同能源管理项目企业所得税优惠政策有关征收管理问题的公告》(国家税务总局　国家发展改革委公告 2013 年第 77 号)等相关税收政策规定,对符合条件的节能服务公司实施合同能源管理项目,符合企业所得税法有关规定的,自项目取得第一笔生产经营收入所属纳税年度起,第一年至第三年免征企业所得税,第四年至第六年按照 25％的法定税率减半征收企业所得税。免税期间,本行填报项目所得额;减半征税期间,本行填报项目所得额×50％的金额。当项目所得≤0时,本行不填列。纳税人有多个项目的,按照前述规则分别确定各项目的金额后,将合计金额填入本行。

第38行"(七)线宽小于130纳米的集成电路生产项目的所得减免企业所得税":根据《财政部　国家税务总局　发展改革委　工业和信息化部关于软件和集成电路产业企业所得税优惠政策有关问题的通知》(财税〔2016〕49号)和《财政部　税务总局　国家发展改革委　工业和信息化部关于集成电路生产企业有关企业所得税政策问题的通知》(财税〔2018〕27号)等相关税收政策规定,2018年1月1日后投资新设的集成电路线宽小于130纳米,且经营期在10年以上的集成电路生产项目,自项目取得第一笔生产经营收入所属纳税年度起第一年至第二年免征企业所得税,第三年至第五年按照25%的法定税率减半征收企业所得税。免税期间,本行填报项目所得额;减半征税期间,本行填报项目所得额×50%的金额。当项目所得≤0时,本行不填列。纳税人有多个项目的,按照前述规则分别确定各项目的金额后,将合计金额填入本行。

第39行"(八)线宽小于65纳米或投资额超过150亿元的集成电路生产项目的所得减免企业所得税":根据《财政部　国家税务总局　发展改革委　工业和信息化部关于软件和集成电路产业企业所得税优惠政策有关问题的通知》(财税〔2016〕49号)和《财政部　税务总局　国家发展改革委　工业和信息化部关于集成电路生产企业有关企业所得税政策问题的通知》(财税〔2018〕27号)等相关税收政策规定,2018年1月1日后投资新设的集成电路线宽小于65纳米或投资额超过150亿元,且经营期在15年以上的集成电路生产项目,自项目取得第一笔生产经营收入所属纳税年度起第一年至第五年免征企业所得税,第六年至第十年按照25%的法定税率减半征收企业所得税。免税期间,本行填报项目所得额;减半征税期间,本行填报项目所得额×50%的金额。当项目所得≤0时,本行不填列。纳税人有多个项目的,按照前述规则分别确定各项目的金额后,将合计金额填入本行。

第40行"(九)其他":填报纳税人享受的本表未列明的其他所得减免的税收优惠事项名称、减免税代码及项目减免的所得额。当项目所得≤0时,本行不填列。纳税人有多个项目的,分别确定各项目减免的所得额后,将合计金额填入本行。

第41行"合计":根据相关行次计算结果填报。本行=第1行+第16行+第24行+第29行。

(3) 表内、表间关系。

A. 表内关系:

a. 第1行=第2行+第3行+第6行+第7行+……+第15行。

b. 第16行=第17行+第18行+第22行+第23行。

c. 第18行=第19行+第20行+第21行。

d. 第24行=第25行+第26行+第27行+第28行。

e. 第29行=第30行+第33行+第34行+第35行+第36行+第37行+第38行+第39行+第40行。

第一,当表A200000第3行+第4行-第5行-本表第1行+第16行+第24行>0时,本行≤表A200000第3行+第4行-第5行-本表第1行+第16行+第24行。

第二,当表A200000第3行+第4行-第5行-本表第1行+第16行+第24行≤0时,本行=0。

f. 第 30 行＝第 31 行＋第 32 行。

g. 第 41 行＝第 1 行＋第 16 行＋第 24 行＋第 29 行。

B. 表间关系：第 41 行＝表 A200000 第 6 行。

A201020

表 3-4　固定资产加速折旧(扣除)优惠明细表

行次	项　目	资产原值	本年累计折旧(扣除)金额				
			账载折旧金额	按照税收一般规定计算的折旧金额	享受加速折旧优惠计算的折旧金额	纳税调减金额	享受加速折旧优惠金额
		1	2	3	4	5	6(4－3)
1	一、固定资产加速折旧(不含一次性扣除,2+3)						
2	（一）重要行业固定资产加速折旧						
3	（二）其他行业研发设备加速折旧						
4	二、固定资产一次性扣除						
5	合计(1+4)						

填报说明：

(1) 适用范围及总体说明：

A. 适用范围：本表为《中华人民共和国企业所得税月(季)度预缴纳税申报表(A 类)》(A200000)附表,适用于按照《财政部　国家税务总局关于完善固定资产加速折旧税收政策有关问题的通知》(财税〔2014〕75 号)《财政部　国家税务总局关于进一步完善固定资产加速折旧企业所得税政策的通知》(财税〔2015〕106 号)《财政部　税务总局关于设备器具扣除有关企业所得税政策的通知》(财税〔2018〕54 号)等相关文件规定,享受固定资产加速折旧和一次性扣除优惠政策的纳税人填报。按照目前税收规定,《国家税务总局关于企业固定资产加速折旧所得税处理有关问题的通知》(国税发〔2009〕81 号)《财政部　国家税务总局关于进一步鼓励软件产业和集成电路产业发展企业所得税政策的通知》(财税〔2012〕27 号)文件规定的固定资产加速折旧优惠政策月(季)度预缴纳税申报时不填报本表。

B. 总体说明：

a. 本表主要目的。

第一,落实税收优惠政策。本年度内享受财税〔2014〕75 号、财税〔2015〕106 号、财税〔2018〕54 号等相关文件规定的固定资产加速折旧和一次性扣除优惠政策的纳税人,在月(季)度预缴纳税申报时对其相应固定资产的折旧金额进行单向纳税调整,以调减其应纳税所得额。

第二,实施减免税核算。对本年度内享受财税〔2014〕75 号、财税〔2015〕106 号、财税〔2018〕54 号等相关文件规定的固定资产加速折旧和一次性扣除优惠政策的纳税人,核算其减免税情况。

b. 填报原则。纳税人享受财税〔2014〕75 号、财税〔2015〕106 号、财税〔2018〕54 号等相关文件规定固定资产优惠政策的,应按以下原则填报：

第一，自该固定资产开始计提折旧起，在"税收折旧"大于"一般折旧"的折旧期间内，必须填报本表。税收折旧是指纳税人享受财税〔2014〕75号、财税〔2015〕106号、财税〔2018〕54号等相关文件规定优惠政策的固定资产，采取税收加速折旧或一次性扣除方式计算的税收折旧额；一般折旧是指该资产按照税收一般规定计算的折旧金额，即该资产在不享受加速折旧情况下，按照税收规定的最低折旧年限以直线法计算的折旧金额。固定资产税收折旧与会计折旧一致的，纳税人不涉及纳税调整事项，但是涉及减免税核算事项，在月（季）度预缴纳税申报时，需计算享受加速折旧优惠金额并将有关情况填报本表。固定资产税收折旧与会计折旧不一致的，当固定资产会计折旧金额大于税收折旧金额时，在月（季）度预缴纳税申报时不进行纳税调增（相关事项在汇算清缴时一并调整），但需计算享受加速折旧优惠金额并将有关情况填报本表；当固定资产会计折旧金额小于税收折旧金额时，在月（季）度预缴纳税申报时进行纳税调减，同时需计算享受加速折旧优惠金额并将有关情况填报本表。

第二，自固定资产开始计提折旧起，在"税收折旧"小于等于"一般折旧"的折旧期内，不填报本表。固定资产本年先后出现"税收折旧大于一般折旧"和"税收折旧小于等于一般折旧"两种情形的，在"税收折旧小于等于一般折旧"折旧期内，仍需根据该固定资产"税收折旧大于一般折旧"的折旧期内最后一期折旧的有关情况填报本表，直至本年最后一次月（季）度预缴纳税申报。

第三，本表第5列仅填报纳税调减金额，不得填报负数。

第四，以前年度开始享受加速折旧政策的，若该固定资产本年符合第（1）条原则，应继续填报本表。

（2）有关项目填报说明：

A. 行次填报。

第1行"一、固定资产加速折旧（不含一次性扣除）"：根据相关行次计算结果填报，本行＝第2行＋第3行。

第2行"（一）重要行业固定资产加速折旧"：生物药品制造业，专用设备制造业，铁路、船舶、航空航天和其他运输设备制造业，计算机、通信和其他电子设备制造业，仪器仪表制造业，信息传输、软件和信息技术服务业6个行业以及轻工、纺织、机械、汽车四大领域重点行业（以下简称"重要行业"）的纳税人按照财税〔2014〕75号、财税〔2015〕106号等相关文件规定对于新购进固定资产在税收上采取加速折旧的，结合会计折旧情况，在本行填报月（季）度预缴纳税申报时的纳税调减、加速折旧优惠统计等本年累计金额。重要行业纳税人按照财税〔2014〕75号、财税〔2015〕106号等相关文件规定，享受一次性扣除政策的资产的有关情况，不在本行填报。

第3行"（二）其他行业研发设备加速折旧"：重要行业以外的其他纳税人按照财税〔2014〕75号、财税〔2015〕106号等相关文件规定，对于单位价值超过100万元的专用研发设备采取缩短折旧年限或加速折旧方法的，在本行填报月（季）度预缴纳税申报时相关固定资产的纳税调减、加速折旧优惠统计等情况的本年累计金额。

第4行"二、固定资产一次性扣除"：纳税人按照财税〔2014〕75号、财税〔2015〕106号、财税〔2018〕54号等相关文件规定对符合条件的固定资产进行一次性扣除的，在本行填报月（季）度预缴纳税申报时相关固定资产的纳税调减、加速折旧优惠统计等情况的本年累计金额。

第5行"合计"：根据相关行次计算结果填报。本行＝第1行＋第4行。

B. 列次填报。列次填报时间口径为：纳税人享受财税〔2014〕75号、财税〔2015〕106号、财税〔2018〕54号等相关文件规定优惠政策的固定资产，仅填报采取税收加速折旧计算的税收折旧额大于按照税法一般规定计算的折旧金额期间的金额；税收折旧小于一般折旧期间的金额不再填报本表。同时，保留本年税收折旧大于一般折旧期间最后一个折旧期的金额继续填报，直至本年度最后一期月(季)度预缴纳税申报。

第1列"资产原值"：填报纳税人按照财税〔2014〕75号、财税〔2015〕106号、财税〔2018〕54号等相关文件规定享受固定资产加速折旧和一次性扣除优惠政策的固定资产，会计处理计提折旧的资产原值(或历史成本)的金额。

第2列"账载折旧金额"：填报纳税人按照财税〔2014〕75号、财税〔2015〕106号、财税〔2018〕54号等相关文件规定享受固定资产加速折旧和一次性扣除优惠政策的固定资产，会计核算的本年资产折旧额。

第3列"按照税收一般规定计算的折旧金额"：填报纳税人按照财税〔2014〕75号、财税〔2015〕106号、财税〔2018〕54号等相关文件规定享受固定资产加速折旧和一次性扣除优惠政策的固定资产，按照税收一般规定计算的允许税前扣除的本年资产折旧额。所有享受上述优惠的资产都须计算填报一般折旧额，包括税会处理不一致的资产。

第4列"享受加速折旧优惠计算的折旧金额"：填报纳税人按照财税〔2014〕75号、财税〔2015〕106号、财税〔2018〕54号等相关文件规定享受固定资产加速折旧和一次性扣除优惠政策的固定资产，按照税收规定的加速折旧方法计算的本年资产折旧额。

第5列"纳税调减金额"：纳税人按照财税〔2014〕75号、财税〔2015〕106号、财税〔2018〕54号等相关文件规定享受固定资产加速折旧和一次性扣除优惠政策的固定资产，在列次填报时间口径规定的期间内，根据会计折旧金额与税收加速折旧金额填报。当会计折旧金额小于等于税收折旧金额时，该项资产的"纳税调减金额"＝"享受加速折旧优惠计算的折旧金额"－"账载折旧金额"；当会计折旧金额大于税收折旧金额时，该项资产"纳税调减金额"按0填报。

第6列"享受加速折旧优惠金额"：根据相关列次计算结果填报。本列＝第4列－第3列。

(3) 表内、表间关系：

A. 表内关系：第1行＝第2行＋第3行；第5行＝第1行＋第4行；第6列＝第4列－第3列。

B. 表间关系：第5行第5列＝表A200000第7行。

A201030

表3-5 减免所得税优惠明细表

行次	项目	本年累计金额
1	一、符合条件的小型微利企业减免企业所得税	
2	二、国家需要重点扶持的高新技术企业减按15%的税率征收企业所得税	
3	三、经济特区和上海浦东新区新设立的高新技术企业在区内取得的所得定期减免企业所得税	
4	四、受灾地区农村信用社免征企业所得税	
5	五、动漫企业自主开发、生产动漫产品定期减免企业所得税	

（续表）

行次	项　　　目	本年累计金额
6	六、线宽小于0.8微米（含）的集成电路生产企业减免企业所得税	
7	七、线宽小于0.25微米的集成电路生产企业减按15%税率征收企业所得税	
8	八、投资额超过80亿元的集成电路生产企业减按15%税率征收企业所得税	
9	九、线宽小于0.25微米的集成电路生产企业减免企业所得税	
10	十、投资额超过80亿元的集成电路生产企业减免企业所得税	
11	十一、线宽小于130纳米的集成电路生产企业减免企业所得税	
12	十二、线宽小于65纳米或投资额超过150亿元的集成电路生产企业减免企业所得税	
13	十三、新办集成电路设计企业减免企业所得税	
14	十四、国家规划布局内集成电路设计企业可减按10%的税率征收企业所得税	
15	十五、符合条件的软件企业减免企业所得税	
16	十六、国家规划布局内重点软件企业可减按10%的税率征收企业所得税	
17	十七、符合条件的集成电路封装、测试企业定期减免企业所得税	
18	十八、符合条件的集成电路关键专用材料生产企业、集成电路专用设备生产企业定期减免企业所得税	
19	十九、经营性文化事业单位转制为企业的免征企业所得税	
20	二十、符合条件的生产和装配伤残人员专门用品企业免征企业所得税	
21	二十一、技术先进型服务企业减按15%的税率征收企业所得税	
22	二十二、服务贸易类技术先进型服务企业减按15%的税率征收企业所得税	
23	二十三、设在西部地区的鼓励类产业企业减按15%的税率征收企业所得税	
24	二十四、新疆困难地区新办企业定期减免企业所得税	
25	二十五、新疆喀什、霍尔果斯特殊经济开发区新办企业定期免征企业所得税	
26	二十六、广东横琴、福建平潭、深圳前海等地区的鼓励类产业企业减按15%税率征收企业所得税	
27	二十七、北京冬奥组委、北京冬奥会测试赛赛事组委会免征企业所得税	
28	二十八、其他	
29	二十九、民族自治地方的自治机关对本民族自治地方的企业应缴纳的企业所得税中属于地方分享的部分减征或免征（□ 免征　　□ 减征：减征幅度____%）	
30	合计(1+2+3+4+5+6+…+29)	

填报说明：

（1）本表为《中华人民共和国企业所得税月（季）度预缴纳税申报表（A类）》（A200000）附表，适用于享受减免所得税额优惠的实行查账征收企业所得税的居民企业纳税人填报。纳税人根据税收规定，填报本年发生的累计优惠情况。

（2）有关项目填报说明。

第1行"一、符合条件的小型微利企业减免企业所得税"：根据相关税收政策规定的，从事国家非限制和禁止行业的企业，并符合应纳税所得额、从业人数、资产总额条件的，其所得减按50%计入应纳税所得额，按20%的税率缴纳企业所得税。本行填报本期《中华人民共和国企业所得税月（季）度预缴纳税申报表（A类）》（A200000）第9行×15%的金额。

第 2 行"二、国家需要重点扶持的高新技术企业减按 15% 的税率征收企业所得税"：填报享受国家重点扶持的高新技术企业优惠的本年累计减免税额。

第 3 行"三、经济特区和上海浦东新区新设立的高新技术企业在区内取得的所得定期减免企业所得税"：根据《国务院关于经济特区和上海浦东新区新设立高新技术企业实行过渡性税收优惠的通知》(国发〔2007〕40 号)和《财政部　国家税务总局关于贯彻落实国务院关于实施企业所得税过渡优惠政策有关问题的通知》(财税〔2008〕21 号)等规定，经济特区和上海浦东新区内，在 2008 年 1 月 1 日(含)之后完成登记注册的国家需要重点扶持的高新技术企业，在经济特区和上海浦东新区内取得的所得，自取得第一笔生产经营收入所属纳税年度起，第一年至第二年免征企业所得税，第三年至第五年按照 25% 法定税率减半征收企业所得税。本行填报免征、减征企业所得税的本年累计金额。对于跨经济特区和上海浦东新区的高新技术企业，其区内所得优惠填写本行，区外所得优惠填报本表第 2 行。经济特区和上海浦东新区新设立的高新技术企业定期减免税期满后，只享受 15% 税率优惠的，填报本表第 2 行。

第 4 行"四、受灾地区农村信用社免征企业所得税"：填报受灾地区农村信用社免征企业所得税的金额。鲁甸农村信用社按照《财政部　海关总署　国家税务总局关于支持鲁甸地震灾后恢复重建有关税收政策问题的通知》(财税〔2015〕27 号)规定免征的所得税额，在本行填列。本行填报本期《中华人民共和国企业所得税月(季)度预缴纳税申报表(A 类)》(A200000)第 9 行×25% 的金额。

第 5 行"五、动漫企业自主开发、生产动漫产品定期减免企业所得税"：根据《财政部　国家税务总局关于扶持动漫产业发展有关税收政策问题的通知》(财税〔2009〕65 号)等规定，经认定的动漫企业自主开发、生产动漫产品，享受软件企业所得税优惠政策。即在 2017 年 12 月 31 日前自获利年度起，第一年至第二年免征所得税，第三年至第五年按照 25% 的法定税率减半征收所得税，并享受至期满为止。本行填报根据本期《中华人民共和国企业所得税月(季)度预缴纳税申报表(A 类)》(A200000)第 9 行计算的免征、减征企业所得税的本年累计金额。

第 6 行"六、线宽小于 0.8 微米(含)的集成电路生产企业减免企业所得税"：根据《财政部　国家税务总局关于进一步鼓励软件产业和集成电路产业发展企业所得税政策的通知》(财税〔2012〕27 号)《财政部　国家税务总局　发展改革委　工业和信息化部关于软件和集成电路产业企业所得税优惠政策有关问题的通知》(财税〔2016〕49 号)《财政部　税务总局　国家发展改革委　工业和信息化部关于集成电路生产企业有关企业所得税政策问题的通知》(财税〔2018〕27 号)等规定，2017 年 12 月 31 日前设立的线宽小于 0.8 微米(含)的集成电路生产企业，自获利年度起计算优惠期，第一年至第二年免征企业所得税，第三年至第五年按照 25% 的法定税率减半征收企业所得税，并享受至期满为止。本行填报根据本期《中华人民共和国企业所得税月(季)度预缴纳税申报表(A 类)》(A200000)第 9 行计算的免征、减征企业所得税的本年累计金额。

第 7 行"七、线宽小于 0.25 微米的集成电路生产企业减按 15% 税率征收企业所得税"：根据《财政部　国家税务总局关于进一步鼓励软件产业和集成电路产业发展企业所得税政策的通知》(财税〔2012〕27 号)和《财政部　国家税务总局　发展改革委　工业和信息化部关于软件和集成电路产业企业所得税优惠政策有关问题的通知》(财税〔2016〕49 号)等规定，线宽小于 0.25 微米的集成电路生产企业，享受 15% 税率。本行填报本期《中华人民共和国企业所得税月(季)度预缴纳税申报表(A 类)》(A200000)第 9 行×10% 的金额。

第8行"八、投资额超过80亿元的集成电路生产企业减按15%税率征收企业所得税"：根据《财政部 国家税务总局关于进一步鼓励软件产业和集成电路产业发展企业所得税政策的通知》(财税〔2012〕27号)《财政部 国家税务总局 发展改革委 工业和信息化部关于软件和集成电路产业企业所得税优惠政策有关问题的通知》(财税〔2016〕49号)等规定,投资额超过80亿元的集成电路生产企业,享受15%税率。本行填报本期《中华人民共和国企业所得税月(季)度预缴纳税申报表(A类)》(A200000)第9行×10%的金额。

第9行"九、线宽小于0.25微米的集成电路生产企业减免企业所得税"：根据《财政部 国家税务总局关于进一步鼓励软件产业和集成电路产业发展企业所得税政策的通知》(财税〔2012〕27号)《财政部 国家税务总局 发展改革委 工业和信息化部关于软件和集成电路产业企业所得税优惠政策有关问题的通知》(财税〔2016〕49号)《财政部 税务总局 国家发展改革委 工业和信息化部关于集成电路生产企业有关企业所得税政策问题的通知》(财税〔2018〕27号)等规定,2017年12月31日前设立的线宽小于0.25微米的集成电路生产企业,经营期在15年以上的,自获利年度起计算优惠期,第一年至第五年免征企业所得税,第六年至第十年按照25%的法定税率减半征收企业所得税,并享受至期满为止。本行填报根据本期《中华人民共和国企业所得税月(季)度预缴纳税申报表(A类)》(A200000)第9行计算的免征、减征企业所得税的本年累计金额。

第10行："十、投资额超过80亿元的集成电路生产企业减免企业所得税"：根据《财政部 国家税务总局关于进一步鼓励软件产业和集成电路产业发展企业所得税政策的通知》(财税〔2012〕27号)《财政部 国家税务总局 发展改革委 工业和信息化部关于软件和集成电路产业企业所得税优惠政策有关问题的通知》(财税〔2016〕49号)《财政部 税务总局 国家发展改革委 工业和信息化部关于集成电路生产企业有关企业所得税政策问题的通知》(财税〔2018〕27号)等规定,2017年12月31日前设立的投资额超过80亿元的集成电路生产企业,经营期在15年以上的,自获利年度起计算优惠期,第一年至第五年免征企业所得税,第六年至第十年按照25%的法定税率减半征收企业所得税,并享受至期满为止。本行填报根据本期《中华人民共和国企业所得税月(季)度预缴纳税申报表(A类)》(A200000)第9行计算的免征、减征企业所得税的本年累计金额。

第11行"十一、线宽小于130纳米的集成电路生产企业减免企业所得税"：根据《财政部 国家税务总局 发展改革委 工业和信息化部关于软件和集成电路产业企业所得税优惠政策有关问题的通知》(财税〔2016〕49号)《财政部 税务总局 国家发展改革委 工业和信息化部关于集成电路生产企业有关企业所得税政策问题的通知》(财税〔2018〕27号)等规定,2018年1月1日后投资新设的集成电路线宽小于130纳米,且经营期在10年以上的集成电路生产企业,自获利年度起,第一年至第二年免征企业所得税,第三年至第五年按照25%的法定税率减半征收企业所得税,并享受至期满为止。本行填报根据本期《中华人民共和国企业所得税月(季)度预缴纳税申报表(A类)》(A200000)第9行计算的免征、减征企业所得税的本年累计金额。

第12行"十二、线宽小于65纳米或投资额超过150亿元的集成电路生产企业减免企业所得税"：根据《财政部 国家税务总局 发展改革委 工业和信息化部关于软件和集成电路产业企业所得税优惠政策有关问题的通知》(财税〔2016〕49号)《财政部 税务总局 国家发展改革委 工业和信息化部关于集成电路生产企业有关企业所得税政策问题的通知》(财税〔2018〕

27 号)等规定,2018 年 1 月 1 日后投资新设的集成电路线宽小于 65 纳米或投资额超过 150 亿元,且经营期在 15 年以上的集成电路生产企业,自获利年度起,第一年至第五年免征企业所得税,第六年至第十年按照 25％的法定税率减半征收企业所得税,并享受至期满为止。本行填报根据本期《中华人民共和国企业所得税月(季)度预缴纳税申报表(A 类)》(A200000)第 9 行计算的免征、减征企业所得税的本年累计金额。

第 13 行"十三、新办集成电路设计企业减免企业所得税":根据《财政部 国家税务总局关于进一步鼓励软件产业和集成电路产业发展企业所得税政策的通知》(财税〔2012〕27 号)和《财政部 国家税务总局 发展改革委 工业和信息化部关于软件和集成电路产业企业所得税优惠政策有关问题的通知》(财税〔2016〕49 号)等规定,我国境内新办的集成电路设计企业,在 2017 年 12 月 31 日前自获利年度起计算优惠期,第一年至第二年免征企业所得税,第三年至第五年按照 25％的法定税率减半征收企业所得税,并享受至期满为止。本行填报根据本期《中华人民共和国企业所得税月(季)度预缴纳税申报表(A 类)》(A200000)第 9 行计算的免征、减征企业所得税的本年累计金额。

第 14 行"十四、国家规划布局内集成电路设计企业可减按 10％的税率征收企业所得税":根据《财政部 国家税务总局关于进一步鼓励软件产业和集成电路产业发展企业所得税政策的通知》(财税〔2012〕27 号)和《财政部 国家税务总局 发展改革委 工业和信息化部关于软件和集成电路产业企业所得税优惠政策有关问题的通知》(财税〔2016〕49 号)等规定,国家规划布局内的集成电路设计企业,如当年未享受免税优惠的,可减按 10％税率征收企业所得税。本行填报本期《中华人民共和国企业所得税月(季)度预缴纳税申报表(A 类)》(A200000)第 9 行×15％的金额。

第 15 行"十五、符合条件的软件企业减免企业所得税":根据《财政部 国家税务总局关于进一步鼓励软件产业和集成电路产业发展企业所得税政策的通知》(财税〔2012〕27 号)和《财政部 国家税务总局 发展改革委 工业和信息化部关于软件和集成电路产业企业所得税优惠政策有关问题的通知》(财税〔2016〕49 号)等规定,我国境内新办的符合条件的软件企业,在 2017 年 12 月 31 日前自获利年度起计算优惠期,第一年至第二年免征企业所得税,第三年至第五年按照 25％的法定税率减半征收企业所得税,并享受至期满为止。本行填报根据本期《中华人民共和国企业所得税月(季)度预缴纳税申报表(A 类)》(A200000)第 9 行计算的免征、减征企业所得税的本年累计金额。

第 16 行"十六、国家规划布局内重点软件企业可减按 10％的税率征收企业所得税":根据《财政部 国家税务总局关于进一步鼓励软件产业和集成电路产业发展企业所得税政策的通知》(财税〔2012〕27 号)和《财政部 国家税务总局 发展改革委 工业和信息化部关于软件和集成电路产业企业所得税优惠政策有关问题的通知》(财税〔2016〕49 号)等规定,国家规划布局内的重点软件企业,如当年未享受免税优惠的,可减按 10％税率征收企业所得税。本行填报本期《中华人民共和国企业所得税月(季)度预缴纳税申报表(A 类)》(A200000)第 9 行×15％的金额。

第 17 行"十七、符合条件的集成电路封装、测试企业定期减免企业所得税":根据《财政部 国家税务总局 发展改革委 工业和信息化部关于进一步鼓励集成电路产业发展企业所得税政策的通知》(财税〔2015〕6 号)规定,符合条件的集成电路封装、测试企业,在 2017 年(含 2017 年)前实现获利的,自获利年度起,第一年至第二年免征企业所得税,第三年至第五年按照 25％的法定税率减半征收企业所得税,并享受至期满为止;2017 年前未实现获利的,自 2017

年起计算优惠期,享受至期满为止。本行填报根据本期《中华人民共和国企业所得税月(季)度预缴纳税申报表(A类)》(A200000)第9行计算的免征、减征企业所得税的本年累计金额。

第18行"十八、符合条件的集成电路关键专用材料生产企业、集成电路专用设备生产企业定期减免企业所得税":根据《财政部 国家税务总局 发展改革委 工业和信息化部关于进一步鼓励集成电路产业发展企业所得税政策的通知》(财税〔2015〕6号)规定,符合条件的集成电路关键专用材料生产企业、集成电路专用设备生产企业,在2017年(含2017年)前实现获利的,自获利年度起,第一年至第二年免征企业所得税,第三年至第五年按照25%的法定税率减半征收企业所得税,并享受至期满为止;2017年前未实现获利的,自2017年起计算优惠期,享受至期满为止。本行填报根据本期《中华人民共和国企业所得税月(季)度预缴纳税申报表(A类)》(A200000)第9行计算的免征、减征企业所得税的本年累计金额。

第19行"十九、经营性文化事业单位转制为企业的免征企业所得税":根据《财政部 国家税务总局 中宣部关于继续实施文化体制改革中经营性文化事业单位转制为企业若干税收政策的通知》(财税〔2014〕84号)等规定,从事新闻出版、广播影视和文化艺术的经营性文化事业单位转制为企业的,自转制注册之日起免征企业所得税。本行填报本期《中华人民共和国企业所得税月(季)度预缴纳税申报表(A类)》(A200000)第9行×25%的金额。

第20行"二十、符合条件的生产和装配伤残人员专门用品企业免征企业所得税":根据《财政部 国家税务总局 民政部关于生产和装配伤残人员专门用品企业免征企业所得税的通知》(财税〔2016〕111号)等规定,符合条件的生产和装配伤残人员专门用品的企业免征企业所得税。本行填报本期《中华人民共和国企业所得税月(季)度预缴纳税申报表(A类)》(A200000)第9行×25%的金额。

第21行"二十一、技术先进型服务企业减按15%的税率征收企业所得税":根据《财政部 国家税务总局 商务部 科技部 国家发展改革委关于完善技术先进型服务企业有关企业所得税政策问题的通知》(财税〔2014〕59号)《财政部 国家税务总局 商务部 科技部 国家发展改革委关于新增中国服务外包示范城市适用技术先进型服务企业所得税政策的通知》(财税〔2016〕108号)《财政部 税务总局 商务部 科技部 国家发展改革委关于将技术先进型服务企业所得税政策推广至全国实施的通知》(财税〔2017〕79号)等规定,对经认定的技术先进型服务企业,减按15%的税率征收企业所得税。本行填报本期《中华人民共和国企业所得税月(季)度预缴纳税申报表(A类)》(A200000)第9行×10%的金额。

第22行"服务贸易类技术先进型服务企业减按15%的税率征收企业所得税":根据相关政策规定,经认定的技术先进型服务企业(服务贸易类)减按15%的税率征收企业所得税。本行填报本期《中华人民共和国企业所得税月(季)度预缴纳税申报表(A类)》(A200000)第9行×10%的金额。

第23行"二十三、设在西部地区的鼓励类产业企业减按15%的税率征收企业所得税":根据《财政部 海关总署 国家税务总局关于深入实施西部大开发战略有关税收政策问题的通知》(财税〔2011〕58号)《国家税务总局关于深入实施西部大开发战略有关企业所得税问题的公告》(国家税务总局公告2012年第12号)《财政部 海关总署 国家税务总局关于赣州市执行西部大开发税收政策问题的通知》(财税〔2013〕4号)《西部地区鼓励类产业目录》(中华人民共和国国家发展和改革委员会令第15号)《国家税务总局关于执行〈西部地区鼓励类产业目录〉有关企业所得税问题的公告》(国家税务总局公告2015年第14号)等规定,对设在西部地区的鼓励类产业企业减按15%的税率征收企业所得税;对设在赣州市的鼓励类产业的内资和外商投资企业减按15%税率征收企业所得税。本行填报根据本期《中华人民共和国企业所得税月(季)度预缴纳税申报表(A类)》(A200000)第9行计算的减征企业所得税的本年累计金额。跨地区经营汇总纳税企业总机构和分支机构因享受该项优惠政策适用不同税率的,本行填报按照《国家税务总局关于印发〈跨地区经营汇总纳税企业所得税征收管理办法〉的公告》(国家税务总局公告2012年第57号)第十八条规定计算的减免税额。

第24行"二十四、新疆困难地区新办企业定期减免企业所得税":根据《财政部　国家税务总局关于新疆困难地区新办企业所得税优惠政策的通知》(财税〔2011〕53号)和《财政部　国家税务总局　国家发展改革委　工业和信息化部关于完善新疆困难地区重点鼓励发展产业企业所得税优惠目录的通知》(财税〔2016〕85号)等规定,对在新疆困难地区新办的属于《新疆困难地区重点鼓励发展产业企业所得税优惠目录》范围内的企业,自取得第一笔生产经营收入所属纳税年度起,第一年至第二年免征企业所得税,第三年至第五年减半征收企业所得税。本行填报根据本期《中华人民共和国企业所得税月(季)度预缴纳税申报表(A类)》(A200000)第9行计算的免征、减征企业所得税的本年累计金额。

第25行"二十五、新疆喀什、霍尔果斯特殊经济开发区新办企业定期免征企业所得税":根据《财政部　国家税务总局关于新疆喀什　霍尔果斯两个特殊经济开发区企业所得税优惠政策的通知》(财税〔2011〕112号)和《财政部　国家税务总局　国家发展改革委　工业和信息化部关于完善新疆困难地区重点鼓励发展产业企业所得税优惠目录的通知》(财税〔2016〕85号)等规定,对在新疆喀什、霍尔果斯两个特殊经济开发区内新办的属于《新疆困难地区重点鼓励发展产业企业所得税优惠目录》范围内的企业,自取得第一笔生产经营收入所属纳税年度起,五年内免征企业所得税。本行填报根据本期《中华人民共和国企业所得税月(季)度预缴纳税申报表(A类)》(A200000)第9行计算的免征企业所得税的本年累计金额。

第26行"二十六、广东横琴、福建平潭、深圳前海等地区的鼓励类产业企业减按15%税率征收企业所得税":根据《财政部　国家税务总局关于广东横琴新区、福建平潭综合实验区、深圳前海深港现代化服务业合作区企业所得税优惠政策及优惠目录的通知》(财税〔2014〕26号)和《财政部　税务总局关于平潭综合实验区企业所得税优惠目录增列有关旅游产业项目的通知》(财税〔2017〕75号)等规定,对设在广东横琴新区、福建平潭综合实验区和深圳前海深港现代服务业合作区的鼓励类产业企业减按15%的税率征收企业所得税。本行填报根据本期《中华人民共和国企业所得税月(季)度预缴纳税申报表(A类)》(A200000)第9行计算的减征企业所得税的本年累计金额。

第27行"二十七、北京冬奥组委、北京冬奥会测试赛赛事组委会免征企业所得税":根据《财政部　税务总局　海关总署关于北京2022年冬奥会和冬残奥会税收政策的通知》(财税〔2017〕60号)等规定,为支持发展奥林匹克运动,确保北京2022年冬奥会和冬残奥会顺利举办,对北京冬奥组委免征应缴纳的企业所得税,北京冬奥会测试赛赛事组委会取得的收入及发生的涉税支出比照执行北京冬奥组委的税收政策。本行填报本期《中华人民共和国企业所得税月(季)度预缴纳税申报表(A类)》(A200000)第9行×25%的金额。

第28行"二十八、其他":填报纳税人享受的本表未列明的减免企业所得税优惠的优惠事项名称、减免税代码及免征、减征企业所得税的本年累计金额。

第29行"二十九、民族自治地方的自治机关对本民族自治地方的企业应缴纳的企业所得税中属于地方分享的部分免征或减征(□免征 □减征:减征幅度____%)":根据《中华人民共和国企业所得税法》《财政部 国家税务总局关于贯彻落实国务院关于实施企业所得税过渡优惠政策有关问题的通知》(财税〔2008〕21号)和《中华人民共和国民族区域自治法》等规定,实行民族区域自治的自治区、自治州、自治县的自治机关对本民族自治地方的企业应缴纳的企业所得税中属于地方分享的部分,可以决定免征或减征,自治州、自治县决定减征或者免征的,须报省、自治区、直辖市人民政府批准。纳税人填报该行次时,根据享受政策的类型选择"免征"或"减征",两者必选其一。选择"免征"是指免征企业所得税税收地方分享部分;选择"减征:减征幅度____%"是指减征企业所得税税收地方分享部分。此时需填写"减征幅度",减征幅度填写范围为1~100,表示企业所得税税收地方分享部分的减征比例。在通常情况下,本行填报[《中华人民共和国企业所得税月(季)度预缴纳税申报表(A类)》(A200000)第11行"应纳所得税额"-本表第1行至第28行合计金额]×40%×减征幅度。例如,地方分享部分减半征收,则选择"减征",并在"减征幅度"后填写"50%"。

第30行"合计":根据相关行次计算结果填报。本行=第1行+第2行+第3行+第4行+第5行+……+第29行。

(3)表内、表间关系:

A. 表内关系:第30行=第1行+第2行+第3行+第4行+第5行+……+第29行。

B. 表间关系:第30行=表A200000第12行。

A202000

表3-6 企业所得税汇总纳税分支机构所得税分配表

税款所属期间: 年 月 日至 年 月 日

总机构名称(盖章):

总机构统一社会信用代码(纳税人识别号): 　　　　　　　　　　　　　金额单位:元(列至角分)

应纳所得税额		总机构分摊所得税额		总机构财政集中分配所得税额				分支机构分摊所得税额	
	分支机构统一社会信用代码(纳税人识别号)	分支机构名称		三项因素			分配比例	分配所得税额	
				营业收入	职工薪酬	资产总额			
分支机构情况									
	合计								

填报说明：

（1）适用范围及报送要求：本表为《中华人民共和国企业所得税月（季）度预缴纳税申报表（A类）》（A200000）附表，适用于跨地区经营汇总纳税企业的总机构填报。纳税人应根据《财政部　国家税务总局　中国人民银行关于印发〈跨省市总分机构企业所得税分配及预算管理办法〉的通知》（财预〔2012〕40号）和《国家税务总局关于印发〈跨地区经营汇总纳税企业所得税征收管理办法〉的公告》（国家税务总局公告2012年第57号）规定，计算总分机构每一预缴期应纳的企业所得税额、总机构和分支机构应分摊的企业所得税额。对于仅在同一省（自治区、直辖市和计划单列市）内设立不具有法人资格分支机构的企业，本省（自治区、直辖市和计划单列市）参照上述文件规定制定企业所得税分配管理办法的，按照其规定填报本表。本表与《国家税务总局关于发布〈中华人民共和国企业所得税年度纳税申报表（A类，2017年版）〉的公告》（国家税务总局公告2017年第54号）中的《企业所得税汇总纳税分支机构所得税分配表》（A109010）表单样式一致。年度终了后5个月内，《企业所得税汇总纳税分支机构所得税分配表》（A109010）由实行汇总纳税的企业总机构填报。

（2）具体项目填报说明：

A."税款所属期间"：填报税款所属期月（季）度第一日至税款所属期月（季）度最后一日。例如，按季度预缴纳税申报的纳税人，第二季度申报时"税款所属期间"填报"××××年4月1日至××××年6月30日"。

B."总机构名称""分支机构名称"：填报营业执照、税务登记证等证件载明的纳税人名称。

C."总机构统一社会信用代码（纳税人识别号）""分支机构统一社会信用代码（纳税人识别号）"：填报有关部门核发的纳税人统一社会信用代码。未取得统一社会信用代码的，填报税务机关核发的纳税人识别号。

D."应纳所得税额"：填报本税款所属期企业汇总计算的本期应补（退）的所得税额。

E."总机构分摊所得税额"：对于跨省（自治区、直辖市和计划单列市）经营汇总纳税企业，填报本期《中华人民共和国企业所得税月（季）度预缴纳税申报表（A类）》（A200000）第15行×25％的金额；对于同一省（自治区、直辖市、计划单列市）内跨地区经营汇总纳税企业，填报本期《中华人民共和国企业所得税月（季）度预缴纳税申报表（A类）》（A200000）第15行×各省（自治区、直辖市和计划单列市）确定的总机构分摊比例的金额。

F."总机构财政集中分配所得税额"：对于跨省（自治区、直辖市和计划单列市）经营汇总纳税企业，填报本期《中华人民共和国企业所得税月（季）度预缴纳税申报表（A类）》（A200000）第15行×25％的金额；对于同一省（自治区、直辖市、计划单列市）内跨地区经营汇总纳税企业，填报本期《中华人民共和国企业所得税月（季）度预缴纳税申报表（A类）》（A200000）第15行×各省（自治区、直辖市和计划单列市）确定的财政集中分配比例的金额。

G."分支机构分摊所得税额"：对于跨省（自治区、直辖市和计划单列市）经营汇总纳税企业，填报本期《中华人民共和国企业所得税月（季）度预缴纳税申报表（A类）》（A200000）第15行×50％的金额；对于同一省（自治区、直辖市、计划单列市）内跨地区经营汇总纳税企业，填报本期《中华人民共和国企业所得税月（季）度预缴纳税申报表（A类）》（A200000）第15行×各省（自治区、直辖市和计划单列市）确定的全部分支机构分摊比例的金额。

H."营业收入"：填报上一年度各分支机构销售商品、提供劳务、让渡资产使用权等日常经营活动实现的全部收入的合计额。

I."职工薪酬":填报上一年度各分支机构为获得职工提供的服务而给予各种形式的报酬以及其他相关支出的合计额。

J."资产总额":填报上一年度各分支机构在经营活动中实际使用的应归属于该分支机构的资产合计额。

K."分配比例":填报经总机构所在地主管税务机关审核确认的各分支机构分配比例,分配比例应保留小数点后十位。

L."分配所得税额":填报分支机构按照分支机构分摊所得税额乘以相应的分配比例的金额。

M."合计":填报上一年度各分支机构的营业收入总额、职工薪酬总额和资产总额三项因素的合计金额及本年各分支机构分配比例和分配税额的合计金额。

(3)表间关系:

A."应纳所得税额"栏次=表 A200000 第 15 行。

B."总机构分摊所得税额"栏次=表 A200000 第 17 行。

C."总机构财政集中分配所得税额"栏次=表 A200000 第 18 行。

D."分支机构情况"中对应总机构独立生产经营部门行次的"分配所得税额"栏次=表 A200000 第 19 行。

B100000

表 3-7　中华人民共和国企业所得税月(季)度预缴和年度纳税申报表(B 类,2018 年版)①

税款所属期间:　　年　月　日至　　年　月　日

纳税人识别号(统一社会信用代码):☐☐☐☐☐☐☐☐☐☐☐☐☐☐☐☐☐☐

纳税人名称:　　　　　　　　　　　　　　　　金额单位:人民币元(列至角分)

核定征收方式	☐ 核定应税所得率(能核算收入总额的)　☐ 核定应税所得率(能核算成本费用总额的) ☐ 核定应纳所得税额	
行次	项　目	本年累计金额
1	收入总额	
2	减:不征税收入	
3	减:免税收入(4+5+8+9)	
4	国债利息收入免征企业所得税	
5	符合条件的居民企业之间的股息、红利等权益性投资收益免征企业所得税	
6	其中:通过沪港通投资且连续持有 H 股满 12 个月取得的股息红利所得免征企业所得税	
7	通过深港通投资且连续持有 H 股满 12 个月取得的股息红利所得免征企业所得税	
8	投资者从证券投资基金分配中取得的收入免征企业所得税	
9	取得的地方政府债券利息收入免征企业所得税	

---

①　实验项目 3-1 的会计主体为实行查账征收企业所得税的居民企业纳税人,其仅需填列《中华人民共和国企业所得税月(季)度预缴纳税申报表(A 类)》及其附表,为了让读者了解实行核定征收企业所得税的居民纳税人的所得税预缴和申报情况,本书在此列示了本表,仅供读者参考使用。

（续表）

行次	项　目	本年累计金额
10	应税收入额(1−2−3)\成本费用总额	
11	税务机关核定的应税所得率(%)	
12	应纳税所得额(第10×11行)[第10行÷(1−第11行)×第11行]	
13	税率(25%)	
14	应纳所得税额(12×13)	
15	减：符合条件的小型微利企业减免企业所得税	
16	减：实际已缴纳所得税额	
17	本期应补(退)所得税额(14−15−16)\税务机关核定本期应纳所得税额	

月(季)度申报填报	小型微利企业	□ 是 □ 否	期末从业人数		
年度申报填报	所属行业明细代码		国家限制或禁止行业	□ 是 □ 否	
	从业人数		资产总额(万元)		

　　谨声明：此纳税申报表是根据《中华人民共和国企业所得税法》《中华人民共和国企业所得税法实施条例》以及有关税收政策和国家统一会计制度的规定填报的，是真实的、可靠的、完整的。

法定代表人(签章)：　　　　　年　月　日

纳税人公章： 会计主管： 填表日期：　年　月　日	代理申报中介机构公章： 经办人： 经办人执业证件号码： 代理申报日期：　年　月　日	主管税务机关受理专用章： 受理人： 受理日期：年　月　日

国家税务总局监制

填报说明：

（1）适用范围。本表适用于实行核定征收企业所得税的居民企业纳税人(以下简称"纳税人")在月(季)度预缴纳税申报时填报。此外，实行核定应税所得率方式的纳税人在年度纳税申报时填报本表。

（2）表头项目。

A. 税款所属期间：

a. 月(季)度预缴纳税申报。正常情况填报税款所属期月(季)度第一日至税款所属期月(季)度最后一日；年度中间开业的纳税人，在首次月(季)度预缴纳税申报时，填报开始经营之日至税款所属月(季)度最后一日，以后月(季)度预缴纳税申报时按照正常情况填报。年度中间发生终止经营活动的纳税人，在终止经营活动当期纳税申报时，填报税款所属期月(季)度第一日至终止经营活动之日，以后月(季)度预缴纳税申报表不再填报。

b. 年度纳税申报。正常情况填报税款所属年度1月1日至12月31日；年度中间开业的纳税人，在首次年度纳税申报时，填报开始经营之日至当年12月31日，以后年度纳税申报时按照正常情况填报；年度中间终止经营活动的纳税人，在终止经营活动年度纳税申报时，填报当年1月1日至终止经营活动之日；年度中间开业且当年度中间终止经营活动的纳税人，填报开始经营之日至终止经营活动之日。

B. 纳税人识别号(统一社会信用代码):填报税务机关核发的纳税人识别号或有关部门核发的统一社会信用代码。

C. 纳税人名称:填报营业执照、税务登记证等证件载明的纳税人名称。

(3) 有关项目填报说明。

A. 核定征收方式:纳税人根据申报税款所属期税务机关核定的征收方式选择填报。

B. 行次说明:核定征收方式选择"核定应税所得率(能核算收入总额)"的纳税人填报第1行至第17行,核定征收方式选择"核定应税所得率(能核算成本费用总额)"的纳税人填报第10行至第17行,核定征收方式选择"核定应纳所得税额"的纳税人填报第17行。

第1行"收入总额":填报纳税人各项收入的本年累计金额。

第2行"减:不征税收入":填报纳税人已经计入本表"收入总额"行次但属于税收规定的不征税收入的本年累计金额。

第3行"免税收入":填报属于税收规定的免税收入优惠的本年累计金额。根据相关行次计算结果填报。本行=第4行+第5行+第8行+第9行。

第4行"国债利息收入免征企业所得税":填报纳税人根据《国家税务总局关于企业国债投资业务企业所得税处理问题的公告》(国家税务总局公告2011年第36号)等相关税收政策规定的,持有国务院财政部门发行的国债取得的利息收入。本行填报金额为本年累计金额。

第5行"符合条件的居民企业之间的股息、红利等权益性投资收益免征企业所得税":填报本期发生的符合条件的居民企业之间的股息、红利等权益性投资收益情况,不包括连续持有居民企业公开发行并上市流通的股票不足12个月取得的投资收益。本行填报金额为本年累计金额。本行包括内地居民企业通过沪港通投资且连续持有H股满12个月取得的股息红利所得、内地居民企业通过深港通投资且连续持有H股满12个月取得的股息红利所得的情况。

第6行"通过沪港通投资且连续持有H股满12个月取得的股息红利所得免征企业所得税":填报根据《财政部 国家税务总局 证监会关于沪港股票市场交易互联互通机制试点有关税收政策的通知》(财税〔2014〕81号)等相关税收政策规定的,内地居民企业连续持有H股满12个月取得的股息红利所得。本行填报金额为本年累计金额。

第7行"通过深港通投资且连续持有H股满12个月取得的股息红利所得免征企业所得税":填报根据《财政部 国家税务总局 证监会关于深港股票市场交易互联互通机制试点有关税收政策的通知》(财税〔2016〕127号)等相关税收政策规定的,内地居民企业连续持有H股满12个月取得的股息红利所得。本行填报金额为本年累计金额。

第8行"投资者从证券投资基金分配中取得的收入免征企业所得税":填报纳税人根据《财政部 国家税务总局关于企业所得税若干优惠政策的通知》(财税〔2008〕1号)第二条第(二)项等相关税收政策规定的,投资者从证券投资基金分配中取得的收入。本行填报金额为本年累计金额。

第9行"取得的地方政府债券利息收入免征企业所得税":填报纳税人根据《财政部 国家税务总局关于地方政府债券利息所得免征所得税问题的通知》(财税〔2011〕76号)和《财政部 国家税务总局关于地方政府债券利息免征所得税问题的通知》(财税〔2013〕5号)等相关税收政策规定的,取得的2009年、2010年和2011年发行的地方政府债券利息所得,2012年及以后年度发行的地方政府债券利息收入。本行填报金额为本年累计金额。

第10行"应税收入额\成本费用总额":核定征收方式选择"核定应税所得率(能核算收入

总额)"的纳税人,本行＝第1行－第2行－第3行。核定征收方式选择"核定应税所得率(能核算成本费用总额)"的纳税人,本行填报纳税人各项成本费用的本年累计金额。

第11行"税务机关核定的应税所得率(%)":填报税务机关核定的应税所得率。

第12行"应纳税所得额":根据相关行次计算结果填报。核定征收方式选择"核定应税所得率(能核算收入总额)"的纳税人,本行＝第10行×第11行。核定征收方式选择"核定应税所得率(能核算成本费用总额)"的纳税人,本行＝第10行÷(1－第11行)×第11行。

第13行"税率":填报25%。

第14行"应纳所得税额":根据相关行次计算填报。本行＝第12行×第13行。

第15行"符合条件的小型微利企业减免企业所得税":填报纳税人根据相关税收政策规定的,从事国家非限制和禁止行业的企业,并符合应纳税所得额、从业人数、资产总额条件的,其所得减按50%计入应纳税所得额,按20%的税率缴纳企业所得税。本行填报本表第12行×15%的金额。

第16行"实际已缴纳所得税额":填报纳税人按照税收规定已在此前月(季)度预缴企业所得税的本年累计金额。

第17行"本期应补(退)所得税额\税务机关核定本期应纳所得税额":核定征收方式选择"核定应税所得率(能核算收入总额的)""核定应税所得率(能核算成本费用总额)"的纳税人,根据相关行次计算结果填报,本行＝第14行－第15行－第16行。月(季)度预缴纳税申报时,当第14行－第15行－第16行<0,本行填0。核定征收方式选择"核定应纳所得税额"的纳税人,本行填报税务机关核定的本期应纳所得税额(如果纳税人符合小型微利企业条件,本行填报的金额应为税务机关按照程序调减定额后的本期应纳所得税额)。

(4) 附报信息填报说明。

A. 月(季)度申报填报。

a. "小型微利企业":本栏次为必报项目,按照以下规则选择:

第一,"核定应税所得率(能核算收入总额的)""核定应税所得率(能核算成本费用总额)"的纳税人。

一是以前年度成立企业。①上一纳税年度汇算清缴符合小型微利企业条件,且本期本表第12行"应纳税所得额"填报的金额符合小型微利企业应纳税所得额条件的纳税人,选择"是"。②上一纳税年度汇算清缴符合小型微利企业条件,但本期本表第12行"应纳税所得额"填报的金额不符合小型微利企业应纳税所得额条件的纳税人,选择"否"。③上一纳税年度汇算清缴不符合小型微利企业条件,但预计本年度资产总额、从业人数、从事行业符合小型微利企业条件且本期本表第12行"应纳税所得额"填报的金额符合小型微利企业应纳税所得额条件的纳税人,选择"是"。④上一纳税年度汇算清缴不符合小型微利企业条件,预计本年度资产总额、从业人数、从事行业不符合小型微利企业条件或者本期本表第12行"应纳税所得额"填报的金额不符合小型微利企业应纳税所得额条件的纳税人,选择"否"。

二是本年度成立企业。本年度新成立企业,预计本年度资产总额、从业人数、从事行业符合小型微利企业条件且本期本表第12行"应纳税所得额"填报的金额符合小型微利企业应纳税所得额条件的纳税人,选择"是"。本年度新成立企业,预计本年度资产总额、从业人数、从事行业不符合小型微利企业条件或者本期本表第12行"应纳税所得额"填报的金额不符合小型微利企业应纳税所得额条件的纳税人,选择"否"。

三是以前年度成立企业在本年度第一季度预缴企业所得税时,如未完成上一纳税年度汇算清缴,无法判断上一纳税年度是否符合小型微利企业条件的,可暂按照上一纳税年度第四季度的预缴情况判别。

第二,"核定应纳所得税额"的纳税人。由税务机关在核定应纳所得税额时进行判断并告知企业,判断标准按照税收规定的条件执行。

b."期末从业人数":本栏次为必报项目。纳税人填报税款所属期期末从业人员的数量。从业人数是指与企业建立劳动关系的职工人数和企业接受的劳务派遣用工人数之和。

B. 年度申报填报:实行核定应税所得率方式的纳税人在年度纳税申报时为必填栏次。实行核定应纳所得税额方式的纳税人在本年度最后一次纳税申报时为必填栏次。

a."所属行业明细代码":根据《国民经济行业分类》标准填报纳税人的行业代码。

b."资产总额":填报纳税人全年资产总额季度平均数,单位为万元,保留小数点后2位。资产总额季度平均数,具体计算公式如下:

$$季度平均值=(季初值+季末值)÷2$$
$$全年季度平均值=全年各季度平均值之和÷4$$

年度中间开业或者终止经营活动的,以其实际经营期作为一个纳税年度确定上述相关指标。

c."从业人数":填报纳税人全年平均从业人数,从业人数是指与企业建立劳动关系的职工人数和企业接受的劳务派遣用工人数之和,计算方法同"资产总额"口径。

d."国家限制或禁止行业":纳税人从事国家限制和禁止行业,选择"是",其他选择"否"。

(5)表内关系。

A. 第3行=第4行+第5行+第8行+第9行。

B. 核定征收方式选择为"核定应税所得率(能核算收入总额)"的,第10行=第1行-第2行-第3行。

C. 核定征收方式选择为"核定应税所得率(能核算收入总额)"的,第12行=第10行×第11行;核定征收方式选择为"核定应税所得率(能核算成本费用总额)"的,第12行=第10行÷(1-第11行)×第11行。

D. 第14行=第12行×第13行。

E. 核定征收方式选择为"核定应税所得率(能核算收入总额的)""核定应税所得率(能核算成本费用总额)"的,第17行=第14行-第15行-第16行。当月(季)度预缴纳税申报时,若第14行-第15行-第16行<0,第17行=0。

(二)编制预缴企业所得税会计分录。

实验项目3-2　企业所得税年度申报表编制会计实验

一、实验目的

通过年度企业所得税会计实验,学生应掌握所得税会计的一般税务及会计处理方法,如应纳税所得额计算及纳税调整、所得税的申报及缴纳、所得税的会计处理等。

二、实验资料

1. 公司的信息资料同实验项目 3-1。

2. 2018 年 12 月 31 日,该公司资产负债表中列示的资产总额为 9 200 万元,所有者权益为 6 000 万元。其中,股本为 4 100 万元。从业人员为 186 人。

3. 2018 年,该公司全年按《企业会计准则》确认的收入、费用、利得、损失和利润如表 3-8 所示。

表 3-8　损益类账户 2018 年度累计发生额　　　　　单位:元

账户名称	借方发生额	贷方发生额
主营业务收入		98 530 000
其他业务收入		5 360 000
主营业务成本	58 534 000	
其他业务成本	3 836 900	
税金及附加	832 000	
销售费用	18 430 000	
管理费用	14 457 200	
财务费用	365 000	
公允价值变动损益	200 000	1 073 000
资产减值损失	450 900	
投资收益		4 130 000
营业外收入		100 000
营业外支出	1 180 000	
所得税费用	1 300 000	

4. 公司的税务会计按照《企业所得税法》规定对 2018 年度有关的会计资料进行分析如下:

业务 1　主营业务收入均为销售货物取得的收入,其他业务收入分别为固定资产出租收入 3 000 000 元、材料销售收入 2 000 000 元和包装物出租收入 360 000 元。出租固定资产折旧等支出 2 000 000 元、材料销售成本 1 650 000 元、包装物出租成本 186 900 元。

业务 2　销售费用中属于广告费和业务宣传费为 17 013 500 元,以前年度无尚未扣除的余额。其余为销售人员职工薪酬 1 000 000 元,办公费 416 500 元。财务费用 365 000 元,其中,利息支出 380 000 元、存款利息收入 23 000 元、手续费支出 8 000 元。

业务 3　管理费用中属于业务招待费支出为 385 000 元,研发费用 4 473 000 元,符合加计扣除条件。其余为固定资产折旧 430 000 元、无形资产专利权摊销额 600 000 元、会务费 800 000 元、差旅费 500 000 元、职工薪酬 3 000 000 元、修理费 720 000 元、排污费 2 100 000 元、咨询费 500 000 元、保险费 200 000 元、董事会费用 120 000 元、办公费 629 200 元。

业务 4　投资收益中:①国债利息收入 30 000 元。②转让交易性金融资产取得的净收益 100 000 元(账面价值 200 万元,其中,成本 180 万元、公允价值变动损益 20 万元,处置收入 190 万元,计税基础 183 万元,其中,手续费 3 万元)。③交易性金融资产持有期间收到现金股利

100 000元。④进行长期股权投资(被投资企业为海丰设备制造有限公司,该公司纳税人识别号为91330235678626385A,按成本法核算,投资比例52%,投资成本为4 000万元),收到现金股利2 900 000元,该现金股利为符合条件的居民企业之间的股息、红利等权益性投资收益。另外,在美国投资拥有XS企业60%的股份,分回的股利900 000元为税后所得,预提所得税税率为10%,已由XS企业代缴,XS企业全年应纳税所得额6 000 000元,适用的所得税税率为20%,该公司已经按该国税法规定缴纳了企业所得税,上一年已纳所得税未抵免余额为31 000元。

业务5 计提资产减值准备450 900元均为不允许在当年税前扣除的金额。本年实际发生坏账损失50 000元系晨明有限公司所欠应收账款,已取得该公司破产证明。

业务6 营业外收入分别为处置固定资产净收益60 000元、无形资产转让净收益40 000元。

业务7 营业外支出中:①某固定资产超过使用年限正常报废发生的清理净损失为54 000元(固定资产原值为1 200 000元,累计折旧为1 100 000元,固定资产减值准备为45 000元,清理费用为2 000元,残值为3 000元,计税基础为100 000元)。②按照经济合同规定支付的违约金为2 000元,税收滞纳金为12 000元。③公益性捐赠支出为1 112 000元(其中,向本市红十字会以现金捐赠支出300 000元,向本市民政局以自产产品发生捐赠支出812 000元(成本608 000元、增值税额24 000元,同类产品销售价格1 200 000元)。

业务8 利息支出38万元、工资支出1 200万元、职工福利费支出160万元、拨缴的工会经费24万元、住房公积金180万元、各类基本社会保障性缴款220万元等符合《企业所得税法》规定,但职工教育经费实际支出超过工资薪金总额(1 200万元)2.5%的部分为50 000元。

业务9 10月,购入专门用于研究开发设备,其原值为74万元,预计残值为2万元,税法一次性扣除,会计采用年限平均法,折旧年限为10年。11月,购入两件工具,单位价值分别为4 800元和4 200元,会计采用年限平均法,折旧年限5年,税法一次性扣除。

业务10 8月,购入一台生产设备,其原值为630万元,预计残值为0,税法最低折旧年限为10年,会计和税法均采用年数总和法计提折旧。

业务11 除上述固定资产外,其余固定资产的折旧方法、折旧年限与税法规定相同,房屋建筑物原值为49 800 000元、累计折旧为2 500 000元。其中,本年计提折旧额为990 000元;机械设备及其他生产设备原值为12 000 000元、累计折旧为1 250 000元,其中,本年计提折旧额为280 000元,未包含上述研发设备和生产设备的原值和折旧额;与生产经营活动有关的器具、工具、家具等固定资产原值为2 500 000元、累计折旧为500 000元,其中,本年计提折旧为130 000元,包含上述11月份购入的工具的原值和折旧额;运输设备(汽车)原值为2 300 000元、累计折旧为800 000元,其中,本年计提折旧额为120 000元;电子设备原值为1 600 000元、累计折旧为700 000元,其中,本年计提折旧额为130 000元;其他固定资产原值为230 000元、累计折旧为86 000元,其中,本年计提折旧额为21 000元。另外,器具、工具、家具等固定资产的原值中有11月份购进的2件工具,其单位价值分别为4 800元和4 200元,会计折旧政策年限为5年,残值为0,采用年限平均法计提折旧,12月份分别计提的折旧额为80元和70元,按税收政策允许一次性扣除。

业务12 "无形资产"账户余额(专利权)7 200 000元,"累计摊销"账户余额4 800 000元,其中,本年摊销额为600 000元。

业务13 "研发支出"账户期初余额为0,本年度发生研发支出6 500 000元(其中,费用化研发费用 4 473 000 元,资本化研发费用 2 027 000 元),年末余额为 2 027 000 元。

该公司 2018 年度发生的研发支出项目及其金额如下:

(1) 直接从事研发活动人员工资薪金 2 250 000 元。

(2) 直接从事研发活动人员"五险一金"450 000 元。

(3) 研发活动直接消耗材料 553 000 元。

(4) 研发活动直接消耗燃料 125 000 元。

(5) 研发活动直接消耗动力费用 53 000 元。

(6) 用于中间试验和产品试制的模具、工艺装备开发及制造费 453 000 元。

(7) 用于研发活动的仪器、设备的运行维护、调整、检验、维修等费用 225 000 元。

(8) 用于研发活动的仪器的折旧费 150 000 元。

(9) 用于研发活动的设备的折旧费 50 000 元。

(10) 新产品设计费 600 000 元。

(11) 新工艺规程制定费 350 000 元。

(12) 技术图书资料费、资料翻译费、专家咨询费、高新科技研发保险费 600 000 元。

(13) 职工福利费 280 000 元。

(14) 差旅费、会议费 361 000 元。

业务 14 已预缴纳所得税 130 万元。

三、实验要求

(一) 根据上述资料编制企业所得税纳税申报表及其他相关附表(见表 3-9 至表 3-31)。

表 3-9　中华人民共和国企业所得税年度纳税申报表

(A 类,2017 年版)

税款所属期间:　　年　月　日至　　年　月　日

纳税人统一社会信用代码:

(纳税人识别号) ☐☐☐☐☐☐☐☐☐☐☐☐☐☐☐☐☐

纳税人名称:

金额单位:人民币元(列至角分)

　　谨声明:此纳税申报表是根据《中华人民共和国企业所得税法》《中华人民共和国企业所得税法实施条例》、有关税收政策以及国家统一会计制度的规定填报的,是真实的、可靠的、完整的。

法定代表人(签章):　　　　　　　　　　年　月　日

纳税人公章:	代理申报中介机构公章:	主管税务机关受理专用章:
会计主管:	经办人: 经办人执业证件号码:	受理人:
填表日期:　年　月　日	代理申报日期:　年　月　日	受理日期:　年　月　日

国家税务总局监制

表 3-10 企业所得税年度纳税申报表填报表单

表单编号	表单名称	选择填报情况	
		填 报	不填报
A000000	企业基础信息表	✓	×
A100000	中华人民共和国企业所得税年度纳税申报表（A类）	✓	×
A101010	一般企业收入明细表	☐	☐
A101020	金融企业收入明细表	☐	☐
A102010	一般企业成本支出明细表	☐	☐
A102020	金融企业支出明细表	☐	☐
A103000	事业单位、民间非营利组织收入、支出明细表	☐	☐
A104000	期间费用明细表	☐	☐
A105000	纳税调整项目明细表	☐	☐
A105010	视同销售和房地产开发企业特定业务纳税调整明细表	☐	☐
A105020	未按权责发生制确认收入纳税调整明细表	☐	☐
A105030	投资收益纳税调整明细表	☐	☐
A105040	专项用途财政性资金纳税调整明细表	☐	☐
A105050	职工薪酬支出及纳税调整明细表	☐	☐
A105060	广告费和业务宣传费跨年度纳税调整明细表	☐	☐
A105070	捐赠支出纳税调整明细表	☐	☐
A105080	资产折旧、摊销情况及纳税调整明细表	☐	☐
A105081	固定资产加速折旧、扣除明细表	☐	☐
A105090	资产损失税前扣除及纳税调整明细表	☐	☐
A105091	资产损失（专项申报）税前扣除及纳税调整明细表	☐	☐
A105100	企业重组及递延纳税事项纳税调整明细表	☐	☐
A105110	政策性搬迁纳税调整明细表	☐	☐
A105120	特殊行业准备金纳税调整明细表	☐	☐
A106000	企业所得税弥补亏损明细表	☐	☐
A107010	免税、减计收入及加计扣除优惠明细表	☐	☐
A107011	符合条件的居民企业之间的股息、红利等权益性投资收益优惠明细表	☐	☐
A107012	综合利用资源生产产品取得的收入优惠明细表	☐	☐
A107013	金融、保险等机构取得的涉农利息、保费收入优惠明细表	☐	☐
A107012	研发费用加计扣除优惠明细表	☐	☐
A107020	所得减免优惠明细表	☐	☐
A107030	抵扣应纳税所得额明细表	☐	☐
A107040	减免所得税优惠明细表	☐	☐
A107041	高新技术企业优惠情况及明细表	☐	☐
A107042	软件、集成电路企业优惠情况及明细表	☐	☐
A107050	税额抵免优惠明细表	☐	☐
A108000	境外所得税收抵免明细表	☐	☐
A108010	境外所得纳税调整后所得明细表	☐	☐
A108020	境外分支机构弥补亏损明细表	☐	☐
A108030	跨年度结转抵免境外所得明细表	☐	☐
A109000	跨地区经营汇总纳税企业年度分摊企业所得税明细表	☐	☐
A109010	企业所得税汇总纳税分支机构所得税分配表	☐	☐

说明：企业应当根据实际情况选择需要填表的表单。

A000000

表 3-11　企业基础信息表

	100 基本信息		
101 汇总纳税企业	□ 总机构(跨省)——适用《跨地区经营汇总纳税企业所得税征收管理办法》 □ 总机构(跨省)——不适用《跨地区经营汇总纳税企业所得税征收管理办法》 □ 总机构(省内) □ 分支机构(须进行完整年度纳税申报且按比例纳税)——就地缴纳比例＝　　　% □ 分支机构(须进行完整年度纳税申报但不就地缴纳) □ 否		
102 所属行业明细代码		103 资产总额(万元)	
104 从业人数		105 国家限制或禁止行业	□ 是　□ 否
106 非营利组织	□ 是　□ 否	107 存在境外关联交易	□ 是　□ 否
108 上市公司	是(□ 境内　□ 境外)□ 否	109 从事股权投资业务	□ 是　□ 否
110 适用的会计准则或会计制度	企业会计准则(□ 一般企业　□ 银行　□ 证券　□ 保险　□ 担保) □ 小企业会计准则 □ 企业会计制度 事业单位会计准则(□ 事业单位会计制度　□ 科学事业单位会计制度　□ 医院会计制度 　　　　　　　　　□ 高等学校会计制度　□ 中小学校会计制度　□ 彩票机构会计制度) □ 民间非营利组织会计制度 □ 村集体经济组织会计制度 □ 农民专业合作社财务会计制度(试行) □ 其他		
	200 企业重组及递延纳税事项		
201 发生资产(股权)划转特殊性税务处理事项		□ 是	□ 否
202 发生非货币性资产投资递延纳税事项		□ 是	□ 否
203 发生技术入股递延纳税事项		□ 是	□ 否
204 发生企业重组事项		是(□ 一般性税务处理　□ 特殊性税务处理)　□ 否	
204-1 重组开始时间	年　　月　　日	204-2 重组完成时间	年　　月　　日
204-3 重组交易类型	□ 法律形式改变	□ 债务重组　□ 股权收购　□ 资产收购　□ 合并　□ 分立	
204-4 企业在重组业务中所属当事方类型	*	□ 债务人 □ 债权人　□ 收购方 □ 转让方　□ 收购方 □ 转让方　□ 合并企业 □ 被合并企业 □ 被合并企业股东　□ 分立企业 □ 被分立企业 □ 被分立企业股东	

300 企业主要股东及分红情况

股东名称	证件种类	证件号码	投资比例	当年(决议日)分配的股息、红利等权益性投资收益金额	国籍(注册地址)
其余股东合计	—	—			—

A100000

表 3-12 中华人民共和国企业所得税年度纳税申报表(A 类)

行次	类别	项 目	金 额
1	利润总额计算	一、营业收入(填写 A101010\101020\103000)	
2		减:营业成本(填写 A102010\102020\103000)	
3		营业税金及附加	
4		销售费用(填写 A104000)	
5		管理费用(填写 A104000)	
6		财务费用(填写 A104000)	
7		资产减值损失	
8		加:公允价值变动收益	
9		投资收益	
10		二、营业利润(1-2-3-4-5-6-7+8+9)	
11		加:营业外收入(填写 A101010\101020\103000)	
12		减:营业外支出(填写 A102010\102020\103000)	
13		三、利润总额(10+11-12)	
14	应纳税所得额计算	减:境外所得(填写 A108010)	
15		加:纳税调整增加额(填写 A105000)	
16		减:纳税调整减少额(填写 A105000)	
17		减:免税、减计收入及加计扣除(填写 A107010)	
18		加:境外应税所得抵减境内亏损(填写 A108000)	
19		四、纳税调整后所得(13-14+15-16-17+18)	
20		减:所得减免(填写 A107020)	
21		减:弥补以前年度亏损(填写 A106000)	
22		减:抵扣应纳税所得额(填写 A107030)	
23		五、应纳税所得额(19-20-21-22)	
24	应纳税额计算	税率(25%)	
25		六、应纳所得税额(23×24)	
26		减:减免所得税额(填写 A107040)	
27		减:抵免所得税额(填写 A107050)	
28		七、应纳税额(25-26-27)	
29		加:境外所得应纳所得税额(填写 A108000)	
30		减:境外所得抵免所得税额(填写 A108000)	
31		八、实际应纳所得税额(28+29-30)	
32		减:本年累计实际已预缴的所得税额	
33		九、本年应补(退)所得税额(31-32)	
34		其中:总机构分摊本年应补(退)所得税额(填写 A109000)	
35		财政集中分配本年应补(退)所得税额(填写 A109000)	
36		总机构主体生产经营部门分摊本年应补(退)所得税额(填写 A109000)	

填报说明：

(1) 本表为企业所得税年度纳税申报表主表,企业应该根据《中华人民共和国企业所得税法》及其实施条例(以下简称税法)、相关税收政策,以及国家统一会计制度(企业会计准则、小企业会计准则、企业会计制度、事业单位会计准则和民间非营利组织会计制度等)的规定,计算填报纳税人利润总额、应纳税所得额和应纳税额等有关项目。企业在计算应纳税所得额及应纳所得税时,企业会计处理与税收规定不一致的,应当按照税收规定计算。税收规定不明确的,在没有明确规定之前,暂按国家统一会计制度计算。

(2) 有关项目填报说明。

A. 表体项目：本表是在纳税人会计利润总额的基础上,加减纳税调整等金额后计算出"纳税调整后所得"。会计与税法的差异(包括收入类、扣除类、资产类等差异)通过《纳税调整项目明细表》(A105000)集中填报。本表包括利润总额计算、应纳税所得额计算、应纳税额计算三个部分。

a. "利润总额计算"中的项目,按照国家统一会计制度规定计算填报。实行企业会计准则、小企业会计准则、企业会计制度、分行业会计制度纳税人其数据直接取自利润表；实行事业单位会计准则的纳税人其数据取自收入支出表；实行民间非营利组织会计制度的纳税人其数据取自业务活动表；实行其他国家统一会计制度的纳税人,根据本表项目进行分析填报。

b. "应纳税所得额计算"和"应纳税额计算"中的项目,除根据主表逻辑关系计算的外,通过附表相应栏次填报。

B. 行次说明：

a. 第1行至第13行参照国家统一会计制度规定填写。

第一,根据相应附表填列的项目有"营业收入""营业成本""销售费用""管理费用""财务费用""营业外收入""营业外支出"。

第二,根据相关科目数额直接填报的项目有"税金及附加""资产减值损失""公允价值变动收益""投资收益"。

第三,根据相关项目计算填报的项目有"营业利润"和"利润总额"。

b. 第14行"境外所得"：填报纳税人取得的境外所得且已计入利润总额的金额。本行根据《境外所得纳税调整后所得明细表》(A108010)填报。

c. 第15行"纳税调整增加额"：填报纳税人会计处理与税收规定不一致,进行纳税调整增加的金额。本行根据《纳税调整项目明细表》(A105000)"调增金额"列填报。

d. 第16行"纳税调整减少额"：填报纳税人会计处理与税收规定不一致,进行纳税调整减少的金额。本行根据《纳税调整项目明细表》(A105000)"调减金额"列填报。

e. 第17行"免税、减计收入及加计扣除"：填报属于税收规定免税收入、减计收入、加计扣除金额。本行根据《免税、减计收入及加计扣除优惠明细表》(A107010)填报。

f. 第18行"境外应税所得抵减境内亏损"：当纳税人选择不用境外所得抵减境内亏损时,填报0；当纳税人选择用境外所得抵减境内亏损时,填报境外所得抵减当年度境内亏损的金额,用境外所得弥补以前年度境内亏损的,填报《境外所得税收抵免明细表》(A108000)。

g. 第19行"纳税调整后所得"：填报纳税人经过纳税调整、税收优惠、境外所得计算后的所得额。

h. 第 20 行"所得减免"：填报属于税收规定所得减免金额。本行根据《所得减免优惠明细表》（A107020）填报。

i. 第 21 行"弥补以前年度亏损"：填报纳税人按照税收规定可在税前弥补的以前年度亏损数额，本行根据《企业所得税弥补亏损明细表》（A106000）填报。

j. 第 22 行"抵扣应纳税所得额"：填报根据税收规定应抵扣的应纳税所得额。本行根据《抵扣应纳税所得额明细表》（A107030）填报。

k. 第 23 行"应纳税所得额"：金额等于本表第 19 行－第 20 行－第 21 行－第 22 行计算结果。本行不得为负数。按照上述行次顺序计算结果本行为负数，本行金额填零。

l. 第 24 行"税率"：填报税收规定的税率 25%。

m. 第 25 行"应纳所得税额"：金额等于本表第 23 行×第 24 行。

n. 第 26 行"减免所得税额"：填报纳税人按税收规定实际减免的企业所得税额。本行根据《减免所得税优惠明细表》（A107040）填报。

o. 第 27 行"抵免所得税额"：填报企业当年的应纳所得税额中抵免的金额。本行根据《税额抵免优惠明细表》（A107050）填报。

p. 第 28 行"应纳税额"：金额等于本表第 25 行－第 26 行－第 27 行。

q. 第 29 行"境外所得应纳所得税额"：填报纳税人来源于中国境外的所得，按照我国税收规定计算的应纳所得税额。本行根据《境外所得税收抵免明细表》（A108000）填报。

r. 第 30 行"境外所得抵免所得税额"：填报纳税人来源于中国境外所得依照中国境外税收法律以及相关规定应缴纳并实际缴纳（包括视同已实际缴纳）的企业所得税性质的税款（准予抵免税款）。本行根据《境外所得税收抵免明细表》（A108000）填报。

s. 第 31 行"实际应纳所得税额"：填报纳税人当期的实际应纳所得税额。金额等于本表第 28 行＋第 29 行－第 30 行。

t. 第 32 行"本年累计实际已缴纳的所得税额"：填报纳税人按照税收规定本纳税年度已在月（季）度累计预缴的所得税额，包括按照税收规定的特定业务已预缴（征）的所得税额，建筑企业总机构直接管理的跨地区设立的项目部按规定向项目所在地主管税务机关预缴的所得税额。

u. 第 33 行"本年应补（退）的所得税额"：填报纳税人当期应补（退）的所得税额。金额等于本表第 31 行－第 32 行。

v. 第 34 行"总机构分摊本年应补（退）所得税额"：填报汇总纳税的总机构按照税收规定在总机构所在地分摊本年应补（退）所得税额。本行根据《跨地区经营汇总纳税企业年度分摊企业所得税明细表》（A109000）填报。

w. 第 35 行"财政集中分配本年应补（退）所得税额"：填报汇总纳税的总机构按照税收规定财政集中分配本年应补（退）所得税款。本行根据《跨地区经营汇总纳税企业年度分摊企业所得税明细表》（A109000）填报。

x. 第 36 行"总机构主体生产经营部门分摊本年应补（退）所得税额"：填报汇总纳税的总机构所属的具有主体生产经营职能的部门按照税收规定应分摊的本年应补（退）所得税额。本行根据《跨地区经营汇总纳税企业年度分摊企业所得税明细表》（A109000）填报。

（3）本书根据实验内容选取了以下部分附表：附表分为一级附表和二级附表。例如，《纳税调整项目明细表》为一级附表；《职工薪酬支出及纳税调整明细表》为二级附表。填报顺序，凡一级附表中涉及的项目需要根据二级附表填列的，则先要填列二级附表然后再根据二级附表的数额填列一级附表中相应项目。为提高实验者的申报表填报能力，本表的附表未给出具体的填报说明，实验者应根据《中华人民共和国企业所得税年度纳税申报表（A 类，2017 年版）》的填报说明或在指导老师的指导下完成附表的填报工作。

A101010

表 3-13　一般企业收入明细表

行次	项　目	金　额
1	一、营业收入（2＋9）	
2	（一）主营业务收入（3＋5＋6＋7＋8）	
3	1. 销售商品收入	
4	其中：非货币性资产交换收入	
5	2. 提供劳务收入	
6	3. 建造合同收入	
7	4. 让渡资产使用权收入	
8	5. 其他	
9	（二）其他业务收入（10＋12＋13＋14＋15）	
10	1. 销售材料收入	
11	其中：非货币性资产交换收入	
12	2. 出租固定资产收入	
13	3. 出租无形资产收入	
14	4. 出租包装物和商品收入	
15	5. 其他	
16	二、营业外收入（17＋18＋19＋20＋21＋22＋23＋24＋25＋26）	
17	（一）非流动资产处置利得	
18	（二）非货币性资产交换利得	
19	（三）债务重组利得	
20	（四）政府补助利得	
21	（五）盘盈利得	
22	（六）捐赠利得	
23	（七）罚没利得	
24	（八）确实无法偿付的应付款项	
25	（九）汇兑收益	
26	（十）其他	

A102010

表 3-14 一般企业成本支出明细表

行次	项 目	金 额
1	一、营业成本(2+9)	
2	(一)主营业务成本(3+5+6+7+8)	
3	1. 销售商品成本	
4	其中:非货币性资产交换成本	
5	2. 提供劳务成本	
6	3. 建造合同成本	
7	4. 让渡资产使用权成本	
8	5. 其他	
9	(二)其他业务成本(10+12+13+14+15)	
10	1. 材料销售成本	
11	其中:非货币性资产交换成本	
12	2. 出租固定资产成本	
13	3. 出租无形资产成本	
14	4. 包装物出租成本	
15	5. 其他	
16	二、营业外支出(17+18+19+20+21+22+23+24+25+26)	
17	(一)非流动资产处置损失	
18	(二)非货币性资产交换损失	
19	(三)债务重组损失	
20	(四)非常损失	
21	(五)捐赠支出	
22	(六)赞助支出	
23	(七)罚没支出	
24	(八)坏账损失	
25	(九)无法收回的债券股权投资损失	
26	(十)其他	

A104000

表 3-15 期间费用明细表

行次	项 目	销售费用	其中:境外支付	管理费用	其中:境外支付	财务费用	其中:境外支付
		1	2	3	4	5	6
1	一、职工薪酬		*		*	*	*
2	二、劳务费					*	*
3	三、咨询顾问费					*	*

（续表）

行次	项目	销售费用	其中:境外支付	管理费用	其中:境外支付	财务费用	其中:境外支付
		1	2	3	4	5	6
4	四、业务招待费		*		*	*	*
5	五、广告费和业务宣传费		*		*	*	*
6	六、佣金和手续费						
7	七、资产折旧摊销费		*		*	*	*
8	八、财产损耗、盘亏及毁损损失		*		*	*	*
9	九、办公费		*		*	*	*
10	十、董事会费		*		*	*	*
11	十一、租赁费					*	*
12	十二、诉讼费		*		*	*	*
13	十三、差旅费		*		*	*	*
14	十四、保险费		*		*	*	*
15	十五、运输、仓储费					*	*
16	十六、修理费					*	*
17	十七、包装费		*		*	*	*
18	十八、技术转让费					*	*
19	十九、研究费用					*	*
20	二十、各项税费		*		*	*	*
21	二十一、利息收支	*	*	*	*		
22	二十二、汇兑差额	*	*		*		
23	二十三、现金折扣	*	*	*	*		*
24	二十四、其他						
25	合计(1+2+3+…24)						

A105000

表3-16　纳税调整项目明细表

行次	项目	账载金额	税收金额	调增金额	调减金额
		1	2	3	4
1	一、收入类调整项目(2+3+4+5+6+7+8+10+11)	*	*		
2	(一)视同销售收入(填写A105010)	*			*
3	(二)未按权责发生制原则确认的收入(填写A105020)				
4	(三)投资收益(填写A105030)				
5	(四)按权益法核算长期股权投资对初始投资成本调整确认收益	*	*	*	
6	(五)交易性金融资产初始投资调整	*	*		*
7	(六)公允价值变动净损益		*		
8	(七)不征税收入	*	*		

（续表）

行次	项 目	账载金额	税收金额	调增金额	调减金额
		1	2	3	4
9	其中：专项用途财政性资金(填写 A105040)	＊	＊		
10	（八）销售折扣、折让和退回				
11	（九）其他				
12	二、扣除类调整项目 (13+14+15+16+17+18+19+20+21+22+23+24+26+27+ 28+29)	＊	＊		
13	（一）视同销售成本(填写 A105010)	＊		＊	
14	（二）职工薪酬(填写 A105050)				
15	（三）业务招待费支出				＊
16	（四）广告费和业务宣传费支出(填写 A105060)	＊	＊		
17	（五）捐赠支出(填写 A105070)				＊
18	（六）利息支出				
19	（七）罚金、罚款和被没收财物的损失		＊		＊
20	（八）税收滞纳金、加收利息		＊		＊
21	（九）赞助支出		＊		＊
22	（十）与未实现融资收益相关在当期确认的财务费用				
23	（十一）佣金和手续费支出				＊
24	（十二）不征税收入用于支出所形成的费用	＊	＊		＊
25	其中：专项用途财政性资金用于支出所形成的费用(填写 A105040)	＊	＊		＊
26	（十三）跨期扣除项目				
27	（十四）与取得收入无关的支出		＊		＊
28	（十五）境外所得分摊的共同支出	＊	＊		＊
29	（十六）党组织工作经费				
30	（十七）其他				
31	三、资产类调整项目(31+32+33+34)	＊	＊		
32	（一）资产折旧、摊销（填写 A105080)				
33	（二）资产减值准备金		＊		
34	（三）资产损失(填写 A105090)				
35	（四）其他				
36	四、特殊事项调整项目(36+37+38+39+40)	＊	＊		
37	（一）企业重组及递延纳税事项(填写 A105100)				
38	（二）政策性搬迁(填写 A105110)	＊	＊		
39	（三）特殊行业准备金(填写 A105120)				
40	（四）房地产开发企业特定业务计算的纳税调整额(填写 A105010)	＊			
41	（五）有限合伙企业法人合伙方应分得的应纳税所得额				
42	（六）其他	＊	＊		
43	五、特别纳税调整应税所得	＊	＊		
44	六、其他	＊	＊		
45	合计(1+12+31+36+43+44)	＊	＊		

A105010

表 3-17　视同销售和房地产开发企业特定业务纳税调整明细表

行次	项　目	税收金额	纳税调整金额
		1	2
1	一、视同销售(营业)收入(2+3+4+5+6+7+8+9+10)		
2	(一)非货币性资产交换视同销售收入		
3	(二)用于市场推广或销售视同销售收入		
4	(三)用于交际应酬视同销售收入		
5	(四)用于职工奖励或福利视同销售收入		
6	(五)用于股息分配视同销售收入		
7	(六)用于对外捐赠视同销售收入		
8	(七)用于对外投资项目视同销售收入		
9	(八)提供劳务视同销售收入		
10	(九)其他		
11	二、视同销售(营业)成本(12+13+14+15+16+17+18+19+20)		
12	(一)非货币性资产交换视同销售成本		
13	(二)用于市场推广或销售视同销售成本		
14	(三)用于交际应酬视同销售成本		
15	(四)用于职工奖励或福利视同销售成本		
16	(五)用于股息分配视同销售成本		
17	(六)用于对外捐赠视同销售成本		
18	(七)用于对外投资项目视同销售成本		
19	(八)提供劳务视同销售成本		
20	(九)其他		
21	三、房地产开发企业特定业务计算的纳税调整额(22-26)		
22	(一)房地产企业销售未完工开发产品特定业务计算的纳税调整额(24-25)		
23	1. 销售未完工产品的收入		*
24	2. 销售未完工产品预计毛利额		
25	3. 实际发生的营业税金及附加、土地增值税		
26	(二)房地产企业销售的未完工产品转完工产品特定业务计算的纳税调整额(28-29)		
27	1. 销售未完工产品转完工产品确认的销售收入		*
28	2. 转回的销售未完工产品预计毛利额		
29	3. 转回实际发生的营业税金及附加、土地增值税		

A105030

表 3-18 投资收益纳税调整明细表

行次	项 目	持有收益			处置收益							纳税调整金额
		账载金额	税收金额	纳税调整金额	会计确认的处置收入	税收计算的处置收入	处置投资的账面价值	处置投资的计税基础	会计确认的处置所得或损失	税收计算的处置所得	纳税调整金额	纳税调整金额
		1	2	3(2-1)	4	5	6	7	8(4-6)	9(5-7)	10(9-8)	11(3+10)
1	一、交易性金融资产											
2	二、可供出售金融资产											
3	三、持有至到期投资											
4	四、衍生工具											
5	五、交易性金融负债											
6	六、长期股权投资											
7	七、短期投资											
8	八、长期债券投资											
9	九、其他											
10	合计(1+2+3+4+5+6+7+8+9)											

A105050

表 3-19　职工薪酬支出及纳税调整明细表

行次	项目	账载金额 1	实际发生额 2	税收规定扣除率 3	以前年度累计结转扣除额 4	税收金额 5	纳税调整金额 6(1−5)	累计结转以后年度扣除额 7(1+4−5)
1	一、工资薪金支出							
2	其中：股权激励			*	*		*	*
3	二、职工福利费支出			*	*		*	*
4	三、职工教育经费支出			*				
5	其中：按税收规定比例扣除的职工教育经费							
6	按税收规定全额扣除的职工培训费用				*		*	*
7	四、工会经费支出				*		*	*
8	五、各类基本社会保障性缴款			*	*		*	*
9	六、住房公积金			*	*		*	*
10	七、补充养老保险				*		*	*
11	八、补充医疗保险			*	*		*	*
12	九、其他			*	*		*	*
13	合计(1+3+4+7+8+9+10+11+12)			*				

A105060

表 3-20　广告费和业务宣传费跨年度纳税调整明细表

行次	项　　　目	金额
1	一、本年广告费和业务宣传费支出	
2	减：不允许扣除的广告费和业务宣传费支出	
3	二、本年符合条件的广告费和业务宣传费支出(1-2)	
4	三、本年计算广告费和业务宣传费扣除限额的销售(营业)收入	
5	税收规定扣除率	
6	四、本企业计算的广告费和业务宣传扣除限额(4×5)	
7	五、本年结转以后年度扣除额(3>6,本行=3-6;3≤6,本行=0)	
8	加：以前年度累计结转扣除额	
9	减：本年扣除的以前年度结转额[3>6,本行=0;3≤6,本行=8或(6-3)孰小值]	
10	六、按照分摊协议归集至其他关联方的广告费和业务宣传费(10≤3或6孰小值)	
11	按照分摊协议从其他关联方归集至本企业的广告费和业务宣传费	
12	七、本年广告费和业务宣传费支出纳税调整金额 (3>6,本行=2+3-6+10-11;3≤6,本行=2+10-11-9)	
13	八、累计结转以后年度扣除额(7+8-9)	

A105070

表 3-21　捐赠支出及纳税调整明细表

行次	项　　　目	账载金额	以前年度结转可扣除的捐赠额	按税收规定计算的扣除限额	税收金额	纳税调增金额	纳税调减金额	可结转以后年度扣除的捐赠额
		1	2	3	4	5	6	7
1	一、非公益性捐赠		*	*	*		*	*
2	二、全额扣除的公益性捐赠		*	*	*		*	*
3	三、限额扣除的公益性捐赠 (4+5+6+7)							
4	前三年度(　　年)	*		*	*	*		*
5	前二年度(　　年)	*		*	*	*		
6	前一年度(　　年)	*		*	*	*		
7	本　年(　　年)		*				*	
8	合计(1+2+3)							

A105080

表3-22　资产折旧、摊销及纳税调整明细表

行次	项目	账载金额			税收金额					纳税调整金额
		资产原值	本年折旧、摊销额	累计折旧、摊销额	资产计税基础	税收折旧额	享受加速折旧政策的资产按税收一般规定计算的折旧、摊销额	加速折旧、统计额	累计折旧、摊销额	
		1	2	3	4	5	6	7=5-6	8	9(2−5)
1	一、固定资产(2+3+4+5+6+7)						*	*		
2	(一)房屋、建筑物						*	*		
3	(二)飞机、火车、轮船、机器、机械和其他生产设备						*	*		
4	(三)与生产经营活动有关的器具、工具、家具等						*	*		
5	(四)飞机、火车、轮船以外的运输工具						*	*		
6	(五)电子设备						*	*		
7	(六)其他						*	*		
8	其中:享受固定资产加速折旧政策的资产折旧额大于一般折旧额的部分 (一)重要行业固定资产加速折旧(不含一次性扣除)									*
9	(二)其他行业研发设备加速折旧									*
10	(三)允许一次①性扣除的固定资产(11+12+13)									*
11	1.单价不超过100万元专用研发设备									*
12	2.重要行业小型微利企业单价不超过100万元研发生产共用设备									*
13	3.5 000元以下固定资产									*
14	(四)技术进步、更新换代固定资产									*
15	(五)常年强震动、高腐蚀固定资产									*
16	(六)外购软件折旧									*
17	(七)集成电路企业生产设备									*

① 根据《财政部 税务总局关于设备、器具扣除有关企业所得税政策的通知》(财税〔2018〕54号)的规定,2018年1月1日至2020年12月31日,企业新购进的单位价值不超过500万元的设备、器具可一次性在税前扣除。

（续表）

行次	项　目	账载金额			资产计税基础	税收金额			累计折旧摊销额	纳税调整金额
		资产原值	本年折旧摊销额	累计折旧摊销额	资产计税基础	税收折旧额	享受加速折旧政策的资产按税收一般规定计算的折旧摊销额	加速折旧统计额	累计折旧摊销额	纳税调整金额
		1	2	3	4	5	6	7＝5－6	8	9(2－5)
18	二、生产性生物资产(19+20)						*	*		
19	(一)林木类						*	*		
20	(二)畜类						*	*		
21	三、无形资产(22+23+24+25+26+27+28+30)						*	*		
22	(一)专利权						*	*		
23	(二)商标权						*	*		
24	(三)著作权						*	*		
25	(四)土地使用权						*	*		
26	(五)非专利技术						*	*		
27	(六)特许权使用费						*	*		
28	(七)软件						*	*		
29	其中:享受企业外购软件加速摊销政策							*		*
30	(八)其他									
31	四、长期待摊费用(32+33+34+35+36)						*	*		
32	(一)已足额提取折旧的固定资产的改建支出						*	*		
33	(二)租入固定资产的改建支出						*	*		
34	(三)固定资产的大修理支出						*	*		
35	(四)开办费						*	*		
36	(五)其他						*	*		
37	五、油气勘探投资						*	*		
38	六、油气开发投资						*	*		
39	合计(1+18+21+31+37+38)						*	*		
附列资料	全民所有制改制增值评估增值政策资产						*	*		

A105090

表3-23　资产损失税前扣除及纳税调整明细表

行次	项　目	资产损失的 账载金额 1	资产处置收入 2	赔偿收入 3	资产计税基础 4	资产损失的 税收金额 5(4-2-3)	纳税调整金额 6(1-5)
1	一、清单申报资产损失(2+3+4+5+6+7+8)						
2	(一)正常经营管理活动中，按照公允价格销售、转让、变卖非货币资产的损失						
3	(二)存货发生的正常损耗						
4	(三)固定资产达到或超过使用年限而正常报废清理的损失						
5	(四)生产性生物资产达到或超过使用年限而正常死亡发生的资产损失						
6	(五)按照市场公平交易原则，通过各种交易场所、市场等买卖债券、股票、期货、基金以及金融衍生产品等发生的损失						
7	(六)分支机构上报的资产损失						
8	(七)其他						
9	二、专项申报资产损失(10+11+12+13)						
10	(一)货币资产损失						
11	(二)非货币资产损失						
12	(三)投资损失						
13	(四)其他						
14	合计(1+9)						

A106000

表 3-24 企业所得税弥补亏损明细表

行次	项 目	年度	纳税调整后所得	合并、分立转入(转出)可弥补的亏损额	当年可弥补的亏损额	以前年度亏损已弥补额					本年度实际弥补的以前年度亏损额	可结转以后年度弥补的亏损额
						前四年度	前三年度	前二年度	前一年度	合计		
		1	2	3	4	5	6	7	8	9	10	11
1	前五年度											*
2	前四年度					*						
3	前三年度					*	*					
4	前二年度					*	*	*				
5	前一年度					*	*	*	*	*		
6	本年度					*	*	*	*	*		
7	可结转以后年度弥补的亏损额合计											

A107010

表 3-25　免税、减计收入及加计扣除优惠明细表

行次	项　目	金　额
1	一、免税收入(2+3+6+7+…+16)	
2	（一）国债利息收入免征企业所得税	
3	（二）符合条件的居民企业之间的股息、红利等权益性投资收益免征企业所得税（填写 A107011）	
4	其中：内地居民企业通过沪港通投资且连续持有 H 股满 12 个月取得的股息红利所得免征企业所得税（填写 A107011）	
5	内地居民企业通过深港通投资且连续持有 H 股满 12 个月取得的股息红利所得免征企业所得税（填写 A107011）	
6	（三）符合条件的非营利组织的收入免征企业所得税	
7	（四）符合条件的非营利组织(科技企业孵化器)的收入免征企业所得税	
8	（五）符合条件的非营利组织(国家大学科技园)的收入免征企业所得税	
9	（六）中国清洁发展机制基金取得的收入免征企业所得税	
10	（七）投资者从证券投资基金分配中取得的收入免征企业所得税	
11	（八）取得的地方政府债券利息收入免征企业所得税	
12	（九）中国保险保障基金有限责任公司取得的保险保障基金等收入免征企业所得税	
13	（十）中央电视台的广告费和有线电视费收入免征企业所得税	
14	（十一）中国奥委会取得北京冬奥组委支付的收入免征企业所得税	
15	（十二）中国残奥委会取得北京冬奥组委分期支付的收入免征企业所得税	
16	（十三）其他	
17	二、减计收入(18+19+23+24)	
18	（一）综合利用资源生产产品取得的收入在计算应纳税所得额时减计收入	
19	（二）金融、保险等机构取得的涉农利息、保费减计收入(20+21+22)	
20	1. 金融机构取得的涉农贷款利息收入在计算应纳税所得额时减计收入	
21	2. 保险机构取得的涉农保费收入在计算应纳税所得额时减计收入	
22	3. 小额贷款公司取得的农户小额贷款利息收入在计算应纳税所得额时减计收入	
23	（三）取得铁路债券利息收入减半征收企业所得税	
24	（四）其他	
25	三、加计扣除(26+27+28+29+30)	
26	（一）开发新技术、新产品、新工艺发生的研究开发费用加计扣除（填写 A107012）	
27	（二）科技型中小企业开发新技术、新产品、新工艺发生的研究开发费用加计扣除（填写 A107012）	
28	（三）企业为获得创新性、创意性、突破性的产品进行创意设计活动而发生的相关费用加计扣除	
29	（四）安置残疾人员所支付的工资加计扣除	
30	（五）其他	
31	合计(1+17+25)	

A107011

表3-26 符合条件的居民企业之间的股息、红利等权益性投资收益优惠明细表

行次	被投资企业	被投资企业统一社会信用代码(纳税人识别号)	投资性质	投资成本	投资比例	被投资企业利润分配确认金额		被投资企业清算确认金额			撤回或减少确认金额						合计
						被投资企业做出利润分配或转股决定时间	依决定归属于本公司的股息、红利等权益性投资收益金额	分得的被投资企业清算剩余资产	被清算企业累计未分配利润和累计盈余公积应享有部分	应确认的股息所得	从被投资企业撤回或减少投资取得的资产	减少投资比例	收回初始投资成本	取得资产中超过收回初始投资成本部分	撤回或减少应享有被投资企业累计未分配利润和累计盈余公积	应确认的股息所得	
	1	2	3	4	5	6	7	8	9	10(8与9孰小)	11	12	13(4×12)	14(11-13)	15	16(14与15孰小)	17(7+10+16)
1																	
2																	
3																	
4																	
5																	
6																	
7																	
8	合计																
9	其中:股票投资—沪港通H股																
10	股票投资—深港通H股																

A107012

表 3-27　研发费用加计扣除优惠明细表

	基本信息		
1	□一般企业　□科技型中小企业	科技型中小企业登记编号	
2	本年可享受研发费用加计扣除项目数量		
	研发活动费用明细		
3	一、自主研发、合作研发、集中研发(4+8+17+20+24+35)		
4	（一）人员人工费用(5+6+7)		
5	1. 直接从事研发活动人员工资薪金		
6	2. 直接从事研发活动人员五险一金		
7	3. 外聘研发人员的劳务费用		
8	（二）直接投入费用(9+10+…+16)		
9	1. 研发活动直接消耗材料		
10	2. 研发活动直接消耗燃料		
11	3. 研发活动直接消耗动力费用		
12	4. 用于中间试验和产品试制的模具、工艺装备开发及制造费		
13	5. 用于不构成固定资产的样品、样机及一般测试手段购置费		
14	6. 用于试制产品的检验费		
15	7. 用于研发活动的仪器、设备的运行维护、调整、检验、维修等费用		
16	8. 通过经营租赁方式租入的用于研发活动的仪器、设备租赁费		
17	（三）折旧费用(18+19)		
18	1. 用于研发活动的仪器的折旧费		
19	2. 用于研发活动的设备的折旧费		
20	（四）无形资产摊销(21+22+23)		
21	1. 用于研发活动的软件的摊销费用		
22	2. 用于研发活动的专利权的摊销费用		
23	3. 用于研发活动的非专利技术(包括许可证、专有技术、设计和计算方法等)的摊销费用		
24	（五）新产品设计费等(25+26+27+28)		
25	1. 新产品设计费		
26	2. 新工艺规程制定费		

(续表)

27	3. 新药研制的临床试验费	
28	4. 勘探开发技术的现场试验费	
29	（六）其他相关费用（30＋31＋32＋33＋34）	
30	1. 技术图书资料费、资料翻译费、专家咨询费、高新科技研发保险费	
31	2. 研发成果的检索、分析、评议、论证、鉴定、评审、评估、验收费用	
32	3. 知识产权的申请费、注册费、代理费	
33	4. 职工福利费、补充养老保险费、补充医疗保险费	
34	5. 差旅费、会议费	
35	（七）经限额调整后的其他相关费用	
36	二、委托研发［(37－38)×80％］	
37	委托外部机构或个人进行研发活动所发生的费用	
38	其中：委托境外进行研发活动所发生的费用	
39	三、年度研发费用小计(3＋36)	
40	（一）本年费用化金额	
41	（二）本年资本化金额	
42	四、本年形成无形资产摊销额	
43	五、以前年度形成无形资产本年摊销额	
44	六、允许扣除的研发费用合计(40＋42＋43)	
45	减：特殊收入部分	
46	七、允许扣除的研发费用抵减特殊收入后的金额(44－45)	
47	减：当年销售研发活动直接形成产品(包括组成部分)对应的材料部分	
48	减：以前年度销售研发活动直接形成产品(包括组成部分)对应材料部分结转金额	
49	八、加计扣除比例	
50	九、本年研发费用加计扣除总额(46－47－48)×49	
51	十、销售研发活动直接形成产品(包括组成部分)对应材料部分结转以后年度扣减金额(当46－47－48≥0,本行＝0;当46－47－48<0,本行＝46－47－48的绝对值)	

A108000

表 3-28 境外所得税收抵免明细表

行次	国家（地区）	境外税前所得	境外所得纳税调整后所得	弥补境外以前年度亏损	境外应纳税所得额	抵减境内亏损	抵减境内亏损后的境外应纳税所得额	税率	境外所得应纳税额	境外所得可抵免税额	境外所得抵免限额	本年可抵免境外所得税额	未超过境外所得税限额抵免的余额	本年可抵免以前年度未抵免境外所得税额	按简易办法计算				境外所得抵免税额合计
															按低于12.5%的实际税率计算的抵免额	按12.5%计算的抵免额	按25%计算的抵免额	小计	
	1	2	3	4	5 (3−4)	6	7 (5−6)	8	9 (7×8)	10	11	12	13 (11−12)	14	15	16	17	18	19 (12+14+18)
1																			
2																			
3																			
4																			
5																			
6																			
7																			
8																			
9																			
10	合计																		

A108010

表3-29 境外所得纳税调整后所得明细表

行次	国家（地区）	境外税后所得								境外所得可抵免的所得税额				境外税前所得	境外分支机构收入与支出纳税调整额	境外分支机构分摊扣除的有关成本费用	境外所得对应调整的相关成本费用支出	境外所得纳税调整后所得
		分支机构营业利润所得	股息、红利等权益性投资所得	利息所得	租金所得	特许权使用费所得	财产转让所得	其他所得	小计	直接缴纳的所得税额	间接负担的所得税额	享受税收饶让抵免税额	小计					
	1	2	3	4	5	6	7	8	9 (2+3+4+5+6+7+8)	10	11	12	13 (10+11+12)	14 (9+10+11)	15	16	17	18 (14+15-16-17)
1																		
2																		
3																		
4																		
5																		
6																		
7																		
8																		
9																		
10	合计																	

A108020

表3-30　境外分支机构弥补亏损明细表

行次	国家(地区)	非实际亏损额的弥补				实际亏损额的弥补													
		以前年度结转尚未弥补的非实际亏损额	本年发生的非实际亏损额	本年弥补的以前年度非实际亏损额	结转以后年度弥补的非实际亏损额	以前年度结转尚未弥补的实际亏损额						本年发生的实际亏损额	本年弥补的以前年度实际亏损额	结转以后年度弥补的实际亏损额					
						前五年	前四年	前三年	前二年	前一年	小计			前四年	前三年	前二年	前一年	本年	小计
	1	2	3	4	5 (2+3-4)	6	7	8	9	10	11(6+7+8+9+10)	12	13	14	15	16	17	18	19(14+15+16+17+18)
1																			
2																			
3																			
4																			
5																			
6																			
7																			
8																			
9																			
10	合计																		

A108030

表3-31 跨年度结转抵免境外所得税明细表

行次	国家(地区)	前五年境外所得税已缴所得税额抵免余额						本年实际抵免以前年度抵免未抵免的境外已缴所得税额						结转以后年度抵免的境外所得已缴所得税额					
		前五年	前四年	前三年	前二年	前一年	小计	前五年	前四年	前三年	前二年	前一年	小计	前四年	前三年	前二年	前一年	本年	小计
	1	2	3	4	5	6	7 (2+3+4+5+6)	8	9	10	11	12	13 (8+9+10+11+12)	14 (3-9)	15 (4-10)	16 (5-11)	17 (6-12)	18	19 (14+15+16+17+18)
1																			
2																			
3																			
4																			
5																			
6																			
7																			
8																			
9																			
10	合计																		

(二) 计算本年所得税费用。

(三) 按《企业会计准则》要求编制应交所得税和所得税费用的会计分录。

实验项目 4　其他税会计实验

其他税会计实验项目以土地增值税、城市维护建设税、教育费附加、房产税、城镇土地使用税和耕地占用税为例,学生应掌握其税款申报和缴纳的会计处理。

实验项目 4-1　土地增值税会计实验

一、实验目的

通过土地增值税会计实验,学生应掌握房地产开发企业土地增值税一般税务及会计处理方法、房地产开发项目土地增值税清算的税务处理与会计处理。

二、实验资料

1. 嘉林房地产开发有限责任公司为一般纳税人,其基本资料详见增值税实验项目 1-3。2018 年 7 月,该公司开始销售房产并取得不含增值税收入 3 000 万元,其中,出售普通住宅收入 2 000 万元、非普通住宅收入 1 000 万元;已售建筑面积 3 000 平方米,其中,普通住宅建筑面积 2 200 平方米、非普通住宅建筑面积 800 平方米。按当地税务机关规定:从事房地产开发的纳税人,对其开发项目在清算申报之日前所转让房地产取得的收入,应按月预缴土地增值税。假设土地增值税预征率分别为:普通住宅 2%、非普通住宅 3.5%,其他类型房地产 3.5%。该公司于项目开工前到当地地方税务局办理了土地增值税项目登记手续,项目编号为 20180012。

2. 截至 2018 年 9 月,该公司累计可售面积商品房已出售 9 000 平方米,其余 1 000 平方米为未售出商品房,符合清算条件,收到主管地税机关要求办理清算手续的通知,公司提供了规定的清算资料;同时收到主管地税机关下达的《税务事项通知书》,按规定公司在收到《税务事项通知书》之日起 90 日内办理清算手续。该公司有关会计账载资料如下:

业务 1　销售普通住宅建筑面积 7 000 平方米,取得货币收入 7 600 万元;销售非普通住宅建筑面积 2 000 平方米,取得货币收入 2 800 万元。以上收入均不含增值税。

业务 2　取得土地使用权所支付的金额为 222 万元,土地征用及拆迁补偿费为 285 万元。

业务 3　前期工程费、建筑安装工程费、基础设施费、开发间接费用(以下简称“四项开发成本”)的实际发生额分别为 380 万元、3 400 万元、1 450 万元和 160 万元。

业务 4　公共配套设施费为 560 万元,系配电房、保安室等项目支出。

业务 5 利息支出实际发生额为 200 万元,但无法提供按清算项目支付的金融机构贷款证明。

业务 6 管理费用、销售费用实际发生额为 680 万元。

业务 7 与转让房地产有关的税金中,应交增值税 680 万元、城市维护建设税 47.6 万元、教育费附加 34 万元。预缴土地增值税 250 万元。

业务 8 成本费用分摊扣除说明如下:①属于经相关部门审批的项目建筑面积内的售楼处用房 300 平方米,其建造成本和装修费用按照"房地产开发成本"中的"建筑安装工程费"归集,按浙江省规定允许全额列入扣除项目金额计算扣除。②取得土地使用权所支付的金额、土地征用及拆迁补偿费、"四项开发成本"、公共配套设施费的分摊,按已售建筑面积和未售建筑面积比分摊,计算本次清算可扣除项目金额。某项目本次清算可扣除金额=某项目金额×9 000÷(10 300−300)。③对一个清算单位中的不同类型房地产开发产品应分别计算增值额的,对其共同发生的扣除项目,按照建筑面积法进行分摊。若不同类型房地产开发产品中有排屋、别墅类型的,对清算单位取得土地使用权所支付的金额,可按照占地面积法进行分摊。本开发项目中没有排屋、别墅类型的商品房。④财务费用、管理费用和销售费用的扣除,由于无法提供按清算项目支付的金融机构贷款证明,不适用按利息支出据实扣除的政策,利息不能单独扣除;由于该项目利息不能单独扣除,房地产开发费用采用按率扣除的方法,以取得土地使用权所支付的金额和房地产开发成本计算的金额之和的 10%进行计算扣除。

三、实验要求

(一) 编制该公司 2018 年 7 月份预缴土地增值税纳税申报表(见表 4-1),并编制预缴土地增值税的会计分录。

(二) 对该公司进行土地增值税清算:

1. 计算并确认本次清算项目取得的收入和可扣除项目金额(按纳税申报表要求分项列示)。

2. 计算增值额与增值率。

3. 计算应纳土地增值税及应补交土地增值税。

4. 编制清算项目土地增值税纳税申报表(见表 4-2)。

实验项目 4-2 城市维护建设税、教育费附加、
房产税、城镇土地使用税、印花税
和耕地占用税会计实验

一、实验目的

通过城市维护建设税、教育费附加、房产税、城镇土地使用税、印花税和耕地占用税会计实验,学生应掌握城市维护建设税、教育费附加、房产税、城镇土地使用税、印花税和耕地占用税的一般税务处理及会计处理方法。

表 4-1　土地增值税纳税申报表（一）

（从事房地产开发的纳税人预征适用）

税款所属时间：　　年　月　日至　　年　月　日　　　　　　　填表日期：　　年　月　日

项目名称：　　　　　　　　　　　　　　　　　　　金额单位：元至角分；面积单位：平方米

项目编号：

纳税人识别号：☐☐☐☐☐☐☐☐

房产类型	房产类型子目	收入				预征率（%）	应纳税额	税款缴纳	
		应税收入	货币收入	实物收入及其他收入	视同销售收入			本期已缴税额	本期应缴税额计算
	1	2=3+4+5	3	4	5	6	7=2×6	8	9=7-8
普通住宅									
非普通住宅									
其他类型房地产									
合　计	一					一			

以下由纳税人填写：

纳税人声明：此纳税申报表是根据《中华人民共和国土地增值税暂行条例》及其实施细则和国家有关税收规定填报的，是真实的、可靠的、完整的。

纳税人签章		代理人签章		代理人身份证号	

以下由税务机关填写：

受理人		受理日期　　　年　月　日		受理税务机关签章	

注：本表一式两份，一份纳税人留存，另一份税务机关留存。

填报说明：

（1）本表适用于从事房地产开发并转让的土地增值税纳税人，在每次转让时填报，也可按月或按各省、自治区、直辖市和计划单列市地方税务局规定的期限汇总填报。

（2）凡从事房地产新建房及配套设施开发的纳税人，均应在规定的期限内，据实向主管税务机关填报本表所列内容。

（3）本表栏目的内容如果没有，可以空置不填。

（4）纳税人在填报土地增值税清算申报表时，应同时向主管税务机关提交《土地增值税项目登记表》等有关资料。

（5）项目编号是在进行房地产项目登记时，税务机关按照一定的规则赋予的编号，此编号会跟随项目的预征清算全过程。

（6）表第1列"房产类型子目"是主管税务机关规定的预征税率类型，每一个子目唯一对应一个房产类型。

（7）表第3栏"货币收入"，按纳税人转让房地产项目所取得的货币形态的收入额（不含增值税）填写。

（8）表第4栏"实物收入及其他收入"，按纳税人转让房地产项目所取得的实物形态的收入和无形资产等其他形式的收入额（不含增值税）填写。

（9）表第5栏"视同销售收入"，纳税人将开发产品用于职工福利、奖励、对外投资、分配给股东或投资人、抵偿债务、换取其他单位和个人的非货币性资产等，发生所有权转移时应视同销售房地产，其收入不含增值税。

（10）本表一式两份，送主管税务机关审核盖章后，一份由地方税务机关留存，另一份退纳税人。

表4-2 土地增值税纳税申报表（二）

（从事房地产开发的纳税人清算适用）

税款所属时间：　年　月　日至　年　月　日　　填表日期：　年　月　日

纳税人识别号 □□□□□□□□□□□□

纳税人名称		项目名称		项目编号	
所属行业		登记注册类型		项目地址	
开户银行		银行账号		主管部门	
				邮政编码	
				电话	

金额单位：元至角分　　面积单位：平方米

总可售面积		自用和出租面积	
已售面积			
其中:普通住宅已售面积		其中:非普通住宅已售面积	
		其中:其他类型房地产已售面积	

项　目	行次	金　额			
		普通住宅	非普通住宅	其他类型房地产	合计
一、转让房地产收入总额 1＝2＋3＋4	1				
其中 货币收入	2				
实物收入及其他收入	3				
视同销售收入	4				
二、扣除项目金额合计 5＝6＋7＋14＋17＋21＋22	5				

（续表）

项　　　目	行次	金额			合计
		普通住宅	非普通住宅	其他类型房地产	
1. 取得土地使用权所支付的金额	6				
2. 房地产开发成本 7=8+9+10+11+12+13	7				
其中 土地征用及拆迁补偿费	8				
前期工程费	9				
建筑安装工程费	10				
基础设施费	11				
公共配套设施费	12				
开发间接费用	13				
3. 房地产开发费用 14=15+16	14				
其中 利息支出	15				
其他房地产开发费用	16				
4. 与转让房地产有关的税金等 17=18+19+20	17				
其中 营业税①	18				
城市维护建设税	19				
教育费附加	20				
5. 财政部规定的其他扣除项目	21				
6. 代收费用	22				
三、增值额 23=1-5	23				
四、增值额与扣除项目金额之比(%) 24=23÷5	24				
五、适用税率(%)	25				
六、速算扣除系数(%)	26				
七、应缴土地增值税额 27=23×25-5×26	27				
八、减免税额 28=30+32+34	28				

① "营改增"后,此项已无须填报。

（续表）

项　　目		行次	普通住宅	非普通住宅	金　额 其他类型 房地产	合计
其中	减免税(1)	减免性质代码(1)	29				
		减免税额(1)	30				
	减免税(2)	减免性质代码(2)	31				
		减免税额(2)	32				
	减免税(3)	减免性质代码(3)	33				
		减免税额(3)	34				
九、已缴土地增值税税额		35				
十、应补(退)土地增值税税额 36=27-28-35		36				

以下由纳税人填写：

纳税人声明	此纳税申报表是根据《中华人民共和国土地增值税暂行条例》及其实施细则和国家有关税收规定填报的，是真实的、可靠的、完整的。	
纳税人签章	代理人签章	代理人身份证号

以下由税务机关填写：

受理人	受理日期	受理税务机关签章
	年　月　日	

注：本表一式两份，一份纳税人留存，另一份税务机关留存。

填报说明：

（1）适用范围：本表适用从事房地产开发并转让的土地增值税纳税人。

（2）表头项目：

A．税款所属期是指项目预征开始的时间，截至日期是税务机关通知送达起90天的最后一日（应清算项目达到清算条件起90天的最后一日，可清算项目达到清算条件起90天的最后一日，或项目预征的最后一日是税务机关通知送达起90天的最后一日）。

B．纳税人识别号：填写纳税人所在税务机关为纳税人确定的识别号。

C．项目编号：填写纳税人开发并转让的房地产开发项目全称。

D．所属行业：是在进行房地产项目登记时，税务机关按照一定的规则赋予的编号，此编号会跟随项目开发全过程。

E．根据《国民经济行业分类》（GB/T 4754—2011）填写。该项可由系统根据纳税人识别号自动带出，无须纳税人填写。

F．登记注册类型：根据税务登记证中登记的注册类型填写。该项可由系统根据纳税人识别号自动带出，无须纳税人填写。

G．主管部门：按纳税人隶属的管理部门或总公司填写。外商投资企业的管理机构填写，该项由系统根据纳税人识别号自动带出，无须企业填写。

H．开户银行：填写纳税人开设银行账户的银行名称；如果纳税人在多个银行开户的，填写其主要经营账户的银行名称。企业登记注册类型的，按纳税人隶属的管理部门或总公司登记注册证中登记的注册类型填写，该项由系统根据纳税人识别号自动带出，无须企业填写。

I. 银行账号：填写纳税人开设的银行账户的号码；如果纳税人拥有多个银行账户的，填写其主要经营账户的号码。

(3) 表中项目：

A. 表第 1 栏"转让房地产收入总额"，按纳税人在转让房地产开发项目所得的全部收入额（不含增值税）填写。

B. 表第 2 栏"货币收入"，按纳税人转让房地产开发项目所取得的货币形态的收入额（不含增值税）填写。

C. 表第 3 栏"实物收入及其他收入"，按纳税人转让房地产开发项目所取得的实物形态的收入和无形资产等其他形式的收入额（不含增值税）填写。

D. 表第 4 栏"视同销售收入"，纳税人将开发产品用于职工福利、奖励、对外投资、分配给股东或投资人、抵偿债务、换取其他单位和个人的非货币性资产等，发生所有权转移时应视同销售房地产，其收入不含增值税。

E. 表第 6 栏"取得土地使用权所支付的金额"，应根据《中华人民共和国土地增值税暂行条例实施细则》（财法字〔1995〕6 号，以下简称《细则》）规定的从事房地产开发所发生的各项开发成本的具体数额填写。

F. 表第 8 栏至第 13 栏"利息支出"，按纳税人为取得该房地产开发项目所需要的土地使用权而实际支付的土地价款（地价款）及按国家统一规定缴纳的有关费用的数额填写。

G. 表第 15 栏"利息支出"，按纳税人进行房地产开发实际发生的利息支出中符合《细则》第七条（三）规定的数额填写。如果不单独计算利息支出的，则本栏利息数额填写为"0"。

H. 表第 16 栏"其他房地产开发费用"，应根据《细则》第七条（三）的规定填写。

I. 表第 18 栏至第 20 栏，按纳税人转让房地产时所实际缴纳的税金数额（不包括增值税）填写。

J. 表第 21 栏"财政部规定的其他扣除项目"，是指根据《中华人民共和国土地增值税暂行条例》（国务院令第 138 号，以下简称《条例》）和《细则》等有关规定所确定的财政部规定的扣除项目的合计数。

K. 表第 22 栏"代收费用"，应根据《财政部 国家税务总局关于土地增值税一些具体问题》（财税字〔1995〕48 号）规定"对于县级及县级以上人民政府要求房地产开发企业在售房时代收的各项费用，如果这些费用是计入房价中向购买方一并收取的，可作为转让房地产所取得的收入。对于代收费用未计入房价中，而是在房价之外单独收取的，可以不作为转让房地产的收入。对于代收收入作为转让房地产的收入计税的，在计算扣除项目金额时，可予以扣除，但不允许作为加计 20% 扣除的基数；对于代收费用未作为转让房地产的收入计税的，在计算增值税时不允许扣除代收费用"填写。

L. 表第 25 栏"适用税率"，应根据《条例》规定的四级超率累进税率，按所适用的最高一级税率填写。

M. 表第 26 栏"速算扣除系数"，应根据《细则》第十条的规定找出相应速算扣除数来填写。

N. 表第 29 栏、第 31 栏、第 33 栏"减免性质代码"：按照税务机关最新制发的减免政策代码表中最细项减免政策代码填报。表第 30 栏、第 32 栏、第 34 栏"减免税额"填写相应减免性质代码对应的减免政策金额，纳税人同时享受多个减免政策应免征、减征的土地增值税的数额填写。

O. 表第 35 栏"已缴土地增值税额"，按纳税人已经缴纳的土地增值税的数额填写。

P. 表中每栏按照"普通住宅、非普通住宅、其他类型房地产"分别填写。

二、实验资料

1. 嘉兴市迷你食品加工股份有限公司为增值税一般纳税人,增值税税率为16%,纳税人识别号为330411750236512918,注册地址为嘉兴市经济开发区塘并路125号,法定代表人为高丰。开户银行为工行嘉兴市分行开发区支行,账号为3302000036489854688。

2. 2018年5月,该公司发生下列其他涉税业务:

业务1 根据增值税实验项目1-1以本月缴纳的增值税和消费税(本实验项目不涉及)为基础计算申报城市维护建设税和教育费附加。

业务2 月末,"固定资产"账户余额中房产原值为4970万元,其中,出租街边商业用房500平方米房屋原值225万元,租金收入见增值税实验项目1-1,原料仓库大修理房屋原值300万元已停用半年以上。按浙江省政府规定,企业自用房屋,按房产原值一次减除30%后作为房产余值计算纳税。假设房产税按年计算,分月缴纳。房屋坐落地为嘉兴市经济开发区塘并路125号。

公司所属房产明细见表4-3。

表4-3 公司所属房产明细

房产编号 (税务机关)	房产名称	房屋坐落地址	房屋所在 土地编号	房产 取得时间	建筑面积 (m²)	房产原值 (元)	产权证书号
00156	办公楼	塘并路125号	CTD2365	2013年10月	3 200	8 560 000	嘉房地产权 220591812
00157	第一车间厂房	塘并路125号	CTD2365	2013年10月	5 800	12 280 000	220591813
00158	第二车间厂房	塘并路125号	CTD2365	2013年10月	6 000	13 600 000	220591814
00159	成品仓库	塘并路125号	CTD2365	2013年10月	1 900	3 600 000	220591815
00160	原料仓库	塘并路125号	CTD2365	2013年10月	1 600	3 000 000	220591816
00161	值班室	塘并路125号	CTD2365	2013年10月	100	560 000	220591817
00162	街边商业用房	塘并路125号	CTD2365	2013年10月	1 000	4 500 000	220591818
00163	包装车间	塘并路125号	CTD2365	2013年10月	2 300	3 600 000	220591819

业务3 根据增值税实验项目1-1,本月发生的第1至第6项、第9、第11项和第15项购销或运输业务均签订购销或运输合同;"实收资本"账户和"资本公积"账户月末余额合计为5000万元,其中,本月增加实收资本500万元。印花税按规定申报缴纳。

业务4 公司实际占用土地50 000平方米,使用年限为50年。其中,45 000平方米的土地宗号为嘉开2011-12;5月20日,征用耕地5 000平方米,用于新建厂房,土地宗号为经开15-51,房产编号为3564,当日收到当地土地管理部门的通知。假设根据当地政府规定,城镇土地使用税按年计算,每半年缴纳一次,假设上半年税款于5月份税款所属期并在申报期申报缴纳,城镇土地使用税的单位税额为24元/平方米,其会计处理为在申报当月计入当期损益;耕地占用税于5月份税款所属期在申报期内申报缴纳,耕地占用税的单位税额为30元/平方米,其会计处理为在申报当月计入在建工程。

三、实验要求

(一)编制税款所属期为2018年5月1日至30日的上述税费申报表(见表4-4至表4-11),并编制应交相关税费的会计分录。

(二)假设6月15日申报期结束,缴纳上述税费,编制有关会计分录。

表4-4　城市维护建设税、教育费附加、地方教育附加税（费）申报表

税款所属期限：自　　年　　月　　日　至　　年　　月　　日　　　填表日期：　　年　　月　　日

金额单位：元至角分

纳税人识别号		
纳税人信息	名称	
	登记注册类型	□单位　□个人
	身份证号码	所属行业
		联系方式

税（费）种（税目）	计税（费）依据					税率（征收率）	本期应纳税（费）额	本期减免税（费）额		本期已缴税（费）额	本期应补（退）税（费）额
	增值税		消费税		合计			减免性质代码	减额		
	一般增值税	免抵税额									
	1	2	3	4	5=1+2+3+4	6	7=5×6	8	9	10	11=7－9－10
城市维护建设税（增值税）	—										
城市维护建设税（消费税）			—								
教育费附加（增值税）	—										
教育费附加（消费税）			—								
地方教育附加（增值税）	—										
地方教育附加（消费税）			—								
合计						—					

以下由纳税人填写：

纳税人声明：	此纳税申报表是根据《中华人民共和国城市维护建设税暂行条例》《国务院征收教育费附加的暂行规定》《财政部关于统一地方教育附加政策有关问题的通知》和国家有关税收规定填报的，是真实的、可靠的、完整的。	
纳税人签章	代理人签章	代理人身份证号
	代理日期　　年　月　日	

以下由税务机关填写：

受理人	受理日期　　年　月　日	受理税务机关签章

填报说明：

（1）本表一式三份，一份返还纳税人，一份作为资料补归档，一份作为税收会计核算的原始凭证。

（2）减免性质代码：减免性质代码按照国家税务总局制定下发的最新《减免性质及分类表》中的最细项减免性质代码填报。

表 4-5 房产税纳税申报表

税款所属期：自　年　月　日　至　年　月　日　　　　填表日期：　年　月　日

金额单位：元至角分；面积单位：平方米

纳税人识别号 □□□□□□□□□□□□□□□

纳税人信息	名称		纳税人分类	单位□　个人□
	登记注册类型	*	所属行业	
	身份证件类型	身份证□　护照□　其他□	身份证件号码	
	联系人		联系方式	

一、从价计征房产税

房产编号	房产原值	其中：出租房产原值	计税比例	税率	所属期起	所属期止	本期应纳税额	本期减免税额	本期已缴税额	本期应补（退）税额
1	*									
2	*									
3	*									
4	*									
5	*									
6	*									
7	*									
8	*									
9	*									
10	*									
合计	*	*	*	*		*				

二、从租计征房产税

	本期申报租金收入	税率	本期应纳税额	本期减免税额	本期已缴税额	本期应补（退）额
1						
2						
3						
合计		*				

纳税人声明	此纳税申报表是根据《中华人民共和国房产税暂行条例》和国家有关税收规定填报的，是真实的、可靠的、完整的。	
	以下由纳税人填写	以下由税务机关填写
纳税人签章	代理人签章 代理人身份证号	
受理人	受理日期　　年　月　日	受理税务机关签章

注：本表一式两份，一份纳税人留存，另一份税务机关留存。

填报说明:

(1) 本表适用于在中华人民共和国境内申报缴纳房产税的单位和个人。

(2) 本表依据《中华人民共和国税收征收管理法》《中华人民共和国房产税暂行条例》制定,为房产税纳税申报表主表。本表包括三个附表,附表一为《房产税减免税明细申报表》,附表二为《从价计征房产税税源明细表》、附表三为《从租计征房产税税源明细表》。首次申报或变更申报时纳税人提交《从价计征房产税税源明细表》和《从租计征房产税税源明细表》后,本表由系统自动生成,无需纳税人手工填写,仅需签章确认。申报房产数量大于 10 个(不含 10)的纳税人,建议采用网络申报方式,并可选用本表的汇总版进行申报。后续申报,纳税人税源明细无变更的,税务机关提供免填单服务,根据纳税人识别号,系统根据当期有效的房产税源明细信息自动生成本表,纳税人签章确认即可完成申报。

(3) 纳税人识别号:填写税务机关赋予的纳税人识别号。

(4) 纳税人名称:党政机关、企事业单位、社会团体的,应按照国家人事、民政部门批准设立或者工商部门注册登记的全称填写;纳税人是自然人的,应当按照本人有效身份证件上标注的姓名填写。

(5) 纳税人分类:分为单位和个人,个人含个体工商户。

(6) 登记注册类型＊:单位,根据税务登记证或组织机构代码证中登记的注册类型填写;纳税人是企业的,根据国家统计局《关于划分企业登记注册类型的规定》填写。具体包括:内资企业,国有企业,集体企业,股份合作企业,联营企业,国有联营企业,集体联营企业,国有与集体联营企业,其他联营企业,有限责任公司,国有独资公司,其他有限责任公司,股份有限公司,私营企业,私营独资企业,私营合伙企业,私营有限责任公司,私营股份有限公司,其他企业,港、澳、台商投资企业,合资经营企业(港或澳、台资),合作经营企业(港或澳、台资),港、澳、台商独资经营企业,港、澳、台商投资股份有限公司,其他港、澳、台商投资企业,外商投资企业,中外合资经营企业,中外合作经营企业,外资企业,外商投资股份有限公司,其他外商投资企业。该项可由系统根据纳税人识别号自动带出,无须纳税人填写。

(7) 所属行业＊:根据《国民经济行业分类》(GB/T 4754—2011)填写。该项可由系统根据纳税人识别号自动带出,无须纳税人填写。

(8) 身份证件类型:填写能识别纳税人唯一身份的有效证照名称。纳税人为自然人的,必选。选择类型为:身份证、护照、其他,必选一项,选择"其他"的,请注明证件的具体类型。

(9) 身份证件号码:填写纳税人身份证件上的号码。

(10) 联系人、联系方式:填写单位法定代表人或纳税人本人姓名、常用联系电话及地址。

(11) 房产编号＊:纳税人不必填写。由税务机关的管理系统赋予编号,以识别。

(12) 房产原值:本项为《从价计征房产税税源明细表》相应数据项的汇总值。

(13) 出租房产原值:本项为《从价计征房产税税源明细表》相应数据项的汇总值。

(14) 计税比例:系统应当允许各地自行配置。配置好后,系统预设在表单中。

(15) 税率:系统预设,无需纳税人填写,并允许各地自行配置。从价配置默认 1.2%,从租配置默认 12%。

(16) 所属期起:税款所属期内税款所属的起始月份。起始月份不同的房产应当分行填写。默认为税款所属期的起始月份。但是,当《从价计征房产税税源明细表》中取得时间晚于税款所属期起始月份的,所属期起为"取得时间"的次月;《从价计征房产税税源明细表》中经核准的困难减免的起始月份晚于税款所属期起始月份的,所属期起为"经核准的困难减免的起始月份";《从价计征房产税税源明细表》中变更类型选择信息项变更的,变更时间晚于税款所属期起始月份的,所属期起为"变更时间"。

(17) 所属期止:税款所属期内税款所属的终止月份。终止月份不同的房产应当分行填写。默认为税款所属期的终止月份。但是,当《从价计征房产税税源明细表》中变更类型选择"纳税义务终止"的,变更时间早于税款所属期终止月份的,所属期止为"变更时间";《从价计征房产税税源明细表》中"经核准的困难减免的终止月份"早于税款所属期终止月份的,所属期止为"经核准的困难减免的终止月份"。

(18) 本期应纳税额:本项为《从价计征房产税税源明细表》和《从租计征房产税税源明细表》相应数据项的汇总值。

(19) 本期减免税额:本项为按照税目分别从《从价计征房产税税源明细表》或《从租计征房产税税源明细表》月减免税额与税款所属期实际包含的月份数自动计算生成。

(20) 带星号(＊)的项目不需要纳税人填写。

(21) 逻辑关系:

A. 从价计征房产税的本期应纳税额 $= \sum$(房产原值－出租房产原值)×计税比例×税率÷12×(所属期止月份－所属期起月份＋1)。

B. 从价计征房产税的本期应补(退)税额＝本期应纳税额－本期减免税额－本期已缴税额。

C. 从租计征房产税的本期应纳税额 $= \sum$ 本期应税租金收入×适用税率。

D. 从租计征房产税的本期应补(退)税额＝本期应纳税额－本期减免税额－本期已缴税额。

E. 从价计征本期减免税额 $= \sum$《从价计征房产税税源明细表》月减免税额×(所属期止月份－所属期起月份＋1)。

F. 从租计征本期减免税额 $= \sum$《从租计征房产税税源明细表》月减免税额×(所属期止月份－所属期起月份＋1)。

表 4-6 房产税减免税明细申报表（附表一）

税款所属期：自　年　月　日至　年　月　日

纳税人识别号：☐☐☐☐☐☐☐☐☐☐☐☐☐☐☐

纳税人名称：

填表日期：　年　月　日

金额单位：元至角分；面积单位：平方米

一、从价计征房产税减免信息

	房产编号	所属期起	所属期止	减免税房产原值	计税比例	税率	减免性质代码	减免项目名称	本期减免税额
1									
2									
3									
合计	*	*	*		*	*	*	*	

二、从租计征房产税减免信息

	房产编号	本期减免税租金收入	税率	减免性质代码	减免项目名称	本期减免税额
1						
2						
3						
合计	*		*	*	*	

以下由纳税人填写：

纳税人声明	此纳税申报表是根据《中华人民共和国房产税暂行条例》和国家有关税收规定填报的，是真实的、可靠的、完整的。	
纳税人签章	代理人签章	代理人身份证号

以下由税务机关填写：

受理人	受理日期 年　月　日	受理税务机关签章

填报说明：

（1）首次申报或变更申报时纳税人提交《从价计征房产税税源明细表》和《从租计征房产税税源明细表》后，本表由系统自动生成，无需纳税人手工填写，仅需签章确认。后续申报，纳税人税源明细无变更的，税务机关提供免填单服务，根据纳税人识别号及该纳税人当期有效的土地税源明细信息自动生成本表，纳税人签章确认即可完成申报。

（2）所属期起：税款所属期内税款所属的起始月份。起始月份不同的房产应当分行填写。默认为税款所属期的起始月份。但是，当《从价计征房产税税源明细表》中取得时间晚于税款所属期起始月份的，所属期起为"取得时间"的次月；《从价计征房产税税源明细表》中经核准的困难减免的起始月份晚于税款所属期起始月份的，所属期起为"经核准的困难减免的起始月份"；《从价计征房产税税源明细表》中变更类型选择信息项变更的，变更时间晚于税款所属期起始月份的，所属期起为"变更时间"。

（3）所属期止：税款所属期内税款所属的终止月份。终止月份不同的房产应当分行填写。默认为税款所属期的终止月份。但是，当《从价计征房产税税源明细表》中变更类型选择"纳税义务终止"的，变更时间早于税款所属期终止月份的，所属期止为"变更时间"；《从价计征房产税税源明细表》中"经核准的困难减免的终止月份"早于税款所属期终止月份的，所属期止为"经核准的困难减免的终止月份"。

（4）本期减免税额：本项为按照税目分别从《从价计征房产税税源明细表》或《从租计征房产税税源明细表》月减免税额与税款所属期实际包含的月份数自动计算生成。从价计征本期减免税额 $= \sum$《从价计征房产税税源明细表》月减免税额 $\times$（所属期止月份 $-$ 所属期起月份 $+1$）；从租计征本期减免税额 $= \sum$《从租计征房产税税源明细表》月减免税额 $\times$（所属期止月份 $-$ 所属期起月份 $+1$）

（5）带星号（＊）的项目不需要纳税人填写。

表 4-7 从价计征房产税税源明细表(附表二)

纳税人名称：

纳税人分类：单位□ 个人□　　　　　　　填表日期：　年　月　日　　　　　金额单位：元至角分；面积单位：平方米

纳税人识别号			
身份证件类型	身份证□ 护照□ 其他□	身份证件号码	
房产编号	*	产权证书号	
房产名称			
房屋坐落地址(详细地址)	省(自治区、市)　　市(区)　　县(区)　　街道　　(必填)		
房产所属主管税务所所属主管税务机关(科、分局)	该房产的房产税收入所属的主管税务机关。系统允许各地配置该项的确定规则。该项不需纳税人手动填写,根据规则自动带出。		
纳税人类型	产权所有人□、经营管理人□、承典人□、房屋代管人□、房屋使用人□、融资租赁承租人□(必选)	所有权人名称	
房屋所在土地编号	*	房产用途	工业□ 商业及办公□ 住房□ 其他□(必选)
房产取得时间	年　月　(必填)	变更类型	纳税义务终止(权属转移□ 其他□)信息项变更(房产原值变更□ 出租房产原值变更□ 其他□)减免税变更□	变更时间	年　月
建筑面积	(必填)	其中:出租房产面积	
房产原值	(必填)	其中:出租房产原值	
减免税部分	序号	减免性质代码	减免项目名称	经核准的困难减免起止时间		计税比例	系统设定
				起始月份	终止月份	减免税房产原值	月减免税金额
	1						
	2						
	3						

以下由纳税人填写

纳税人声明	此纳税申报表是根据《中华人民共和国房产税暂行条例》和国家有关税收规定填报的,是真实的、可靠的、完整的。		
纳税人签章		代理人签章	代理人身份证号

以下由税务机关填写

受理人		受理日期　年　月　日	受理税务机关签章

注:本表一式两份,一份纳税人留存,另一份税务机关留存。

填报说明:

(1) 本表为《房产税纳税申报表》及《房产税减免税明细申报表》的明细附表。

(2) 首次进行纳税申报的纳税人,需要申报其全部房产的相关信息,此后办理纳税申报时,如果纳税人的房产及减免税等相关信息未发生变化的,可仅对上次申报信息进行确认;发生变化的,仅就变化的内容进行填写。有条件的地区,税务机关可以通过系统将上期申报的信息推送给纳税人。税源数据基础较好或已获取第三方信息的地区,可直接将数据导入纳税申报系统并推送给纳税人进行确认。

(3) 房产税税源明细申报遵循"谁纳税谁申报"的原则,只要存在房产税纳税义务,就应当如实申报房产明细信息。

(4) 每一独立房产应当填写一张表。即:同一产权证有多幢(个)房产的,每幢(个)房产填写一张表。无产权证的房产,每幢(个)房产填写一张表。纳税人不得将多幢房产合并成一条记录填写。

(5) 对于填写中所涉及的数据项目,有房屋所有权证件的,依据证件记载的内容填写,没有证件的,依据实际情况填写。

(6) 房产有出租情形的,纳税人也应当先填写本表,再填写《从租计征房产税明细申报表》。

(7) 纳税人分类(必选):分为单位和个人,个人含个体工商户。

(8) 房产编号*:纳税人不必填写。由税务机关的管理系统赋予编号,以识别。

(9) 产权证书号:纳税人有房屋所有权证件的,必填。填写房屋所有权证件载明的证件编号。

(10) 房产名称(必填):纳税人自行编写,以便于识别,如1号办公楼、第一车间厂房等。

(11) 房屋坐落地址(必填):应当填写详细地址,具体为:××省××市××县(区)××街道+详细地址,且应当与土地明细申报数据关联并一致。系统自动带出已填报的土地信息,供选择。一栋房产仅可选择对应一条土地信息。

(12) 房产所属主管税务所(科、分局):本表所填列房产的房产税收入所属的主管税务机关。系统允许各地配置该项的确定规则。该项不需纳税人手动填写,根据确定规则自动带出。

(13) 纳税人类型(必选):分为产权所有人、经营管理人、承典人、房屋代管人、房屋使用人、融资租赁承租人。必选一项,且只能选一项。

(14) 所有权人纳税识别码(非必填):填写拥有房屋所有权人的纳税识别号。

(15) 所有权人名称(非必填):填写拥有房屋所有权人的名称。

(16) 房屋所在土地编号＊:根据所选择的土地信息,从系统自动调取。

(17) 房产用途(必选):房产用途依据房产所有权证登记的用途填写,无证的,依据实际用途填写。分为工业、商业及办公、住房、其他,必选一项,且只能选一项,不同用途的房产应当分别填表。

(18) 建筑面积(必填):保留两位小数。

(19) 出租房产面积:有出租情况的必填。

(20) 房产原值(必填):填写房产的全部房产原值。应包括:分摊的应计入房产原值的地价,与房产不可分割的设备设施的原值,房产中已出租部分的原值,以及房产中减免税部分的原值。

(21) 出租房产原值:房产有出租情况的必填。

(22) 计税比例:系统应当允许各地自行配置。配置好后,系统预设在表单中。

(23) 房产取得时间(选填):填写纳税人初次获得该房产所有权的时间。

(24) 变更类型(选填):有变更情况的必选。

(25) 变更时间(选填):有变更情况的必填,填至月。变更类型选择纳税义务终止的,税款计算至当月月末;变更类型选择信息项变更的,自变更当月起按新状态计算税款。

(26) 减免性质代码:该项按照国家税务总局制定下发的最新减免性质及分类表中的最细项减免性质代码填写。有减免税情况的必填。不同减免性质代码的房产应当分行填表。纳税人减免税情况发生变化时,应当进行变更。总局制定的减免税代码不允许各地修改,允许各地增加本地的减税性质代码。

(27) 减免税项目名称:该项按照国家税务总局制定下发的最新减免性质及分类表中的最细项减免税名称填写,有减免税情况的必填。

(28) 减免税房产原值:依据政策确定的可以享受减免税政策的房产原值。政策明确按一定比例进行减免的,该项为经过比例换算确定的减免税房产原值。例如,供热企业用于居民供热的免税房产原值＝房产原值×实际从居民取得的采暖费收入/采暖费总收入。该项的自动计算规则以及放开让纳税人填报的规则详见《减免税政策代码及减免税额计算规则表》。

(29) 月减免税金额:该项填写本表所列房产本项减免税项目享受的月减免税金额。计算规则详见《减免税政策代码及减免税额计算规则表》。

(30) 带星号(＊)的项目不需要纳税人填写。

表 4-8 从租计征房产税税源明细表（附表三）

纳税人名称：

纳税人识别号：

纳税人分类：单位□ 个人□

填表日期：　年　月　日

金额单位：元至角分；面积单位：平方米

身份证件类型	身份证□ 护照□ 其他□	身份证件号码	
房产名称		房产编号	*
房产用途	工业□ 商业及办公□ 住房□ 其他□		
房产坐落地址（详细地址）	省（自治区，市）　市（区）　县（区）　街道		
房产所属主管税务所（科，分局）	该房产的房产收入所属的主管税务机关。系统允许各地配置该项的确定规则。该项不需纳税人手动填写，根据确定规则自动带出。		
承租方纳税识别号		承租方名称	
出租面积		合同租金总收入	
合同约定租赁期起		合同约定租赁期止	
申报租金收入	申报租金所属租赁期起		申报租金所属租赁期止
减免性质代码	减免项目名称		减免租金收入
减免税额			
以下由纳税人填写			
纳税人声明	此纳税申报表是根据《中华人民共和国房产税暂行条例》和国家有关税收规定填报的，是真实的，可靠的，完整的。		
纳税人签章	代理人签章	代理人身份证号	
	以下由税务机关填写		
受理人	受理日期　　年　月　日	受理税务机关签章	

注：本表一式两份，一份纳税人留存，另一份税务机关留存。

填报说明：

（1）本表为《房产税纳税申报表》及《房产税减免税明细申报表》的明细附表。从租申报的纳税人每次申报时均需申报此表。

（2）每一独立出租房产应当填写一张表。即：同一产权证有多幢（个）房产的，每幢（个）房产填写一张表。无产权证的房产，每幢（个）房产填写一张表。纳税人不得将多幢房产合并成一条记录填写。

（3）纳税人分类（必选）：分为单位和个人，个人含个体工商户。

（4）纳税人出租的房产，必须先按照从价计征房产税明细申报的要求如实填写有关信息，再填写从租计征房产税明细申报有关信息。

（5）房产名称（必填）：纳税人自行编写，以便于识别，必填，且应当与从价计征房产税明细申报信息关联并一致。

（6）房产编号：纳税人不必填写。由税务机关的管理系统赋予编号，以识别，且应当与从价计征房产税明细申报信息关联并一致。

（7）房产用途（必选）：分为工业、商业及办公、住房、其他，必选一项，且只能选一项，不同用途的房产应当分别填表。

（8）房屋坐落地址（必填）：填写详细地址，具体为：××省××市××县（区）××街道＋详细地址，且应当与土地明细申报数据关联并一致。

（9）房产所属主管税务所（科、分局）：本表所填列房产的房产税收入所属的主管税务机关。系统允许各地配置该项的确定规则。该项不需纳税人手动填写，根据确定规则自动带出。

（10）承租方纳税识别号：纳税人为非自然人的，应按照以办理税务登记时税务机关赋予的编码填写。纳税人为自然人的，应按照本人有效身份证件上标注的号码填写。

（11）出租面积（必填）：填写出租房产的面积。

（12）合同租金总收入：填写出租协议约定的出租房产的总收入。

（13）合同约定租赁期起：填写出租协议约定的收取租金等收入的租赁期起。

（14）合同约定租赁期止：填写出租协议约定的收取租金等收入的租赁期止。

（15）申报租金收入：填写本次申报的应税租金收入。

（16）申报租金所属租赁期起：填写申报租金收入的所属租赁期起。

（17）申报租金所属租赁期止：填写申报租金收入的所属租赁期止。

（18）减免税性质代码：该项按照国家税务总局制定下发的最新减免性质及分类表中的最细项减免性质代码填写。有减免税情况的必填。不同减免性质代码的土地应当分行填表。对于出租房产不适用12%法定税率的，应当填写相关的减免税内容。

（19）减免税项目名称：该项按照国家税务总局制定下发的最新减免性质及分类表中的最细项减免税名称填写。

（20）减免税租金收入：该项填写本出租房产可以享受减免税政策的租金收入。该项允许纳税人自行填写。

（21）减免税额：根据纳税人选择的减免税性质代码自动计算。具体计算规则详见《减免税政策代码及减免税额计算规则表》。

（22）带星号（＊）的项目不需要纳税人填写。

表 4-9 城镇土地使用税纳税申报表

税款所属期：自 年 月 日至 年 月 日　　填表日期： 年 月 日

纳税人识别号 □□□□□□□□□□□□□□□

金额单位：元至角分；面积单位：平方米

纳税人信息	名称						纳税人分类	单位□ 个人□		
	登记注册类型			*			所属行业	*		
	身份证件类型		身份证□ 护照□ 其他□				身份证件号码			
	联系人						联系方式			
申报纳税信息	土地编号	宗地的地号	土地等级	税额标准	土地总面积	所属期起	所属期止	本期应纳税额	本期减免税额	本期已缴税额	本期应补(退)税额
	*										
	*										
	*										
	*										
	*										
	*										
	*										
	*										
	*										
	合计	*	*			*	*				

以下由纳税人填写

纳税人声明	此纳税申报表是根据《中华人民共和国城镇土地使用税暂行条例》和国家有关税收规定填报的，是真实的、可靠的、完整的。		
纳税人签章		代理人签章	代理人身份证号

以下由税务机关填写

受理人		受理日期 年 月 日	受理税务机关签章

注：本表一式两份，一份纳税人留存，另一份税务机关留存。

填报说明:

(1) 本表适用于在中华人民共和国境内申报缴纳城镇土地使用税的单位和个人。

(2) 本表为城镇土地使用税纳税申报表主表,依据《中华人民共和国税收征收管理法》和《中华人民共和国城镇土地使用税暂行条例》制定。本表包括两个附表。附表一为《城镇土地使用税减免税明细申报表》,附表二为《城镇土地使用税税源明细表》。首次申报或变更申报时纳税人提交《城镇土地使用税税源明细表》后,本表由系统自动生成,无需纳税人手工填写,仅需签章确认。申报土地数量大于10个(不含10)的纳税人,建议采用网络申报方式,并可选用本表的汇总版进行确认,完成申报。后续申报,纳税人税源明细无变更的,税务机关提供免填单服务,根据纳税人识别号,系统自动打印本表,纳税人签章确认即可完成申报。

(3) 纳税人识别号(必填):填写税务机关赋予的纳税人识别号。

(4) 纳税人名称(必填):党政机关、企事业单位、社会团体的,应按照国家人事、民政部门批准设立或者工商部门注册登记的全称填写;纳税人是自然人的,应当按照本人有效身份证件上标注的姓名填写。

(5) 纳税人分类(必选):分为单位和个人,个人含个体工商户。

(6) 登记注册类型*:单位,根据税务登记证或组织机构代码证中登记的注册类型填写;纳税人是企业的,根据国家统计局《关于划分企业登记注册类型的规定》填写。具体分为:内资企业,国有企业,集体企业,股份合作企业,联营企业,国有联营企业,集体联营企业,国有与集体联营企业,其他联营企业,有限责任公司,国有独资公司,其他有限责任公司,股份有限公司,私营企业,私营独资企业,私营合伙企业,私营有限责任公司,私营股份有限公司,其他企业,港、澳、台商投资企业,合资经营企业(港或澳、台资),合作经营企业(港或澳、台资),港、澳、台商独资经营企业,港、澳、台商投资股份有限公司,其他港、澳、台商投资企业,外商投资企业,中外合资经营企业,中外合作经营企业,外资企业,外商投资股份有限公司,其他外商投资企业。该项可由系统自动带出,无须纳税人填写。

(7) 所属行业*:根据《国民经济行业分类》(GB/T 4754—2011)填写。该项可由系统自动带出,无须纳税人填写。

(8) 身份证件类型:填写能识别纳税人唯一身份的有效证照名称。纳税人为自然人的,必选。选择类型为:身份证、护照、其他,必选一项,选择"其他"的,请注明证件的具体类型。

(9) 身份证件号码:填写纳税人身份证件上的号码。

(10) 联系人、联系方式(必填):填写单位法定代表人或纳税人本人姓名、常用联系电话及地址。

(11) 土地编号 *:纳税人不必填写。由税务机关的管理系统赋予编号,以识别。

(12) 宗地的地号:土地证件记载的地号。不同地号的土地应当分行填写。无地号的,不同的宗地也应当分行填写。

(13) 土地等级(必填):根据本地区关于土地等级的有关规定,填写纳税人占用土地所属的土地的等级。不同土地等级的土地,应当按照各个土地等级汇总填写。

(14) 税额标准:根据土地等级确定,可由税务机关系统自动带出。

(15) 土地总面积(必填):此面积为全部面积,包括减免税面积。本项为《城镇土地使用税税源明细表》"占用土地面积"的汇总值。

(16) 所属期起:税款所属期内税款所属的起始月份。起始月份不同的土地应当分行填写。默认为税款所属期的起始月份。但是,当《城镇土地使用税税源明细表》中土地取得时间晚于税款所属期起始月份的,所属期起为"取得时间"的次月;《城镇土地使用税税源明细表》中经核准的困难减免的起始月份晚于税款所属期起始月份的,所属期起为"经核准的困难减免的起始月份";《城镇土地使用税税源明细表》中变更类型选择信息项变更的,变更时间晚于税款所属期起始月份的,所属期起为"变更时间"。

(17) 所属期止:税款所属期内税款所属的终止月份。终止月份不同的土地应当分行填写。默认为税款所属期的终止月份。但是,当《城镇土地使用税税源明细表》中变更类型选择"纳税义务终止"的,变更时间早于税款所属期终止月份的,所属期止为"变更时间";《城镇土地使用税税源明细表》中"经核准的困难减免的终止月份"早于税款所属期终止月份的,所属期止为"经核准的困难减免的终止月份"。

(18) 本期应纳税额:根据《城镇土地使用税税源明细表》有关数据项自动计算生成。本期应纳税额 $= \sum$ 占用土地面积 × 税额标准 ÷ 12 × (所属期止月份 - 所属期起月份 + 1)。

(19) 本期减免税额:本项根据《城镇土地使用税税源明细表》月减免税额与税款所属期实际包含的月份数自动计算生成,本期减免税额 $= \sum$《城镇土地使用税税源明细表》月减免税额 × (所属期止月份 - 所属期起月份 + 1)。

(20) 逻辑关系:本期应补(退)税额 = 本期应纳税额 - 本期减免税额 - 本期已缴税额。

(21) 带星号(*)的项目不需要纳税人填写。

表 4-10 印花税纳税申报表

税款所属期限：自 　年　月　日 至 　年　月　日　　　　　　　　　　　　　　　　　　　　　填表日期： 年 月 日　　　　　　　　　　　　　　　金额单位：元至角分

纳税人识别号 □□□□□□□□□□□□□

纳税人信息	名称				所属行业		□单位 □个人
	登记注册类型				联系方式		
	身份证件号码						

应税凭证名称	计税金额或件数	核定征收		适用税率	本期应纳税额	本期已缴税额	本期减免税额		本期应补（退）税额
		核定依据	核定比例				减免性质代码	减免额	
	1	2	4	5	6＝1×5＋2×4×5	7	8	9	10＝6－7－9
购销合同									
加工承揽合同									
建设工程勘察设计合同									
建筑安装工程承包合同									
财产租赁合同									
货物运输合同									
仓储保管合同									
借款合同									
财产保险合同									
技术合同									
产权转移书据									
营业账簿（记载资金的账簿）		―	―						
权利、许可证照		―	―	―					
合计		―	―	―					

以下由纳税人填写：	
纳税人声明	此纳税申报表是根据《中华人民共和国印花税暂行条例》和国家有关税收规定填报的，是真实的、可靠的、完整的。
纳税人签章	代理人签章　　　　　　代理人身份证号
以下由税务机关填写：	
受理人	受理日期 年 月 日　　　　　受理税务机关签章

填报说明：

（1）本表一式两份，一份纳税人留存，另一份税务机关留存。

（2）减免性质代码：减免性质代码按照国家税务总局制定下发的最新《减免性质及分类表》中的最细项减免性质代码填报。

填表日期： 年 月 日

表 4-11 耕地占用税纳税申报表

金额单位：元至角分；面积单位：平方米

纳税人识别号							
纳税人信息	纳税人名称					□单位 □个人	
	登记注册类型		所属行业				
	身份证照类型		联系人		联系方式		
耕地占用信息	项目（批次）名称		批准占地部门		批准占地文号		批准日期
	占地位置		占地用途		占地方式		占地日期
	批准占地面积		实际占地面积		经济开发区	□是 □否	税额提高比例
计税信息		计税面积	其中：		适用税额	计征税额	减免性质代码	减税税额	免税税额	税额提高比例	已缴税额	应缴税额
			减税面积	免税面积							
	总计										
	耕地（基本农田）										
	耕地（非基本农田）										
	园地										
	林地										
	牧草地										
	农田水利用地										
	养殖水面										
	渔业水域滩涂										
	草地										
	苇田										
	其他类型土地										
纳税人声明	此纳税申报表是根据《中华人民共和国耕地占用税暂行条例》和国家有关税收规定填报的，是真实的、可靠的、完整的。							
纳税人签章		代理人签章			代理人身份证号			
受理人		受理日期			受理税务机关签章			
		以下由税务机关填写		年 月 日				

注：本表一式两份，一份纳税人留存，另一份税务机关留存。

填报说明：

（1）本表依据《中华人民共和国税收征收管理法》和《中华人民共和国耕地占用税暂行条例》及其实施细则制定。纳税申报必须填写本表。

（2）本申报表适用于在中华人民共和国境内占用耕地建房或者从事非农业建设的单位和个人。纳税人应当在收到领取农用地转用审批文件通知之日起或占用耕地之日起 30 日内，填报耕地占用税纳税申报表，向土地所在地地方税务机关申报纳税。

（3）填报日期：填写纳税人办理纳税申报的实际日期。

（4）本表各栏填写说明如下：

A．纳税人信息栏：

a．纳税人识别号：纳税人办理税务登记时，税务机关赋予的编码。纳税人为自然人的，应按照本人有效身份证件上标注的号码填写。

b．纳税人名称：党政机关、企事业单位、社会团体的，应按照国家人事、民政部门批准设立或者工商部门注册登记的全称填写；纳税人是自然人的，应按照本人有效身份证件上标注的姓名填写。

c．登记注册类型：单位，根据税务登记证或组织机构代码证中登记的注册类型填写；纳税人是企业的，根据国家统计局《关于划分企业登记注册类型的规定》填写。具体包括：内资企业，国有企业，集体企业，股份合作企业，联营企业，国有联营企业，集体联营企业，国有与集体联营企业，其他联营企业，有限责任公司，国有独资公司，其他有限责任公司，股份有限公司，私营企业，私营独资企业，私营合伙企业，私营有限责任公司，私营股份有限公司，其他企业，港、澳、台商投资企业，合资经营企业（港或澳、台资），合作经营企业（港或澳、台资），港、澳、台商独资经营企业，港、澳、台商投资股份有限公司，其他港、澳、台商投资企业，外商投资企业，中外合资经营企业，中外合作经营企业，外资企业，外商投资股份有限公司，其他外商投资企业。

d．行业：根据《国民经济行业分类》（GB/T 4754—2011）填写。

e．联系人：填写单位法定代表人或纳税人本人姓名；联系方式：填写常用联系电话及通讯地址。

B．耕地占用信息栏：

a．项目（批次）名称：按照政府农用地转用审批文件中标明的项目或批次名称填写。

b．批准占地部门、批准占地文号：属于批准占地的，填写有权审批农用地转用的政府名称及批准农用地转用文件的文号。

c．占地用途：经批准占地的，按照政府农用地转用审批文件中明确的土地储备、交通基础设施建设（其中铁路线路、公路线路、飞机场跑道、停机坪、港口、航道等适用 2 元/平方米税额占地项目必须在栏目中详细列明）、工业建设、商业建设、住宅建设、农村居民建房、军事设施、学校、幼儿园、医院、养老院和其他等项目分类填写；未经批准占地的，按照实际占地情况，区分交通基础设施建设、工业建设、商业建设、住宅建设、农村居民建房、军事设施、学校、幼儿园、医院、养老院和其他等项目分类填写。

d．批准日期：属于经批准占地的，填写政府农用地转用审批文件的批准日期。

e．占地日期：属于未经批准占地的，填写实际占地的日期。

f．占地位置：占用耕地所属的县、镇（乡）、村名称。

g．占地方式：按照按批次转用、单独选址转用、批准临时占地、未批先占填写。

h. 批准占地面积:指政府农用地转用审批文件中批准的农用地转用面积。

i. 实际占地面积:包括经批准占用的耕地面积和未经批准占用的耕地面积。

j. 经济开发区:占地位于经济特区、经济技术开发区和经济发达且人均耕地特别少的地区,适用税额提高的,勾选"是";否则,勾选"否"。

k. 税额上浮比例:占地位于经济特区、经济技术开发区和经济发达且人均耕地特别少的地区,适用税额提高的,填写当地省级政府确定的具体税额提高比例。

C. 计税信息栏:按照占用耕地类别分别填写、分别计算。总计=耕地(基本农田)+耕地(非基本农田)+园地+林地+牧草地+农田水利用地+养殖水面+渔业水域滩涂+草地+苇田+其他类型土地(面积、税额);应缴税额=计征税额×税额提高比例-减税税额-免税税额-已缴税额;计征税额=计税面积×适用税额,减税面积、免税面积、减税税额、免税税额按照减免税备案信息直接填列。

a. 适用税额:指该地类在当地适用的单位税额,此处不考虑经济特区、经济开发区和经济发达人均耕地特别少适用税额提高的情况。

b. 减免性质代码:该项按照国家税务总局制定下发的最新《减免税政策代码目录》中的最细项减免性质代码填写。有减免税情况的必填。

(5) 本表减免税相关信息应与《纳税人减免税备案登记表》信息保持一致。

(6) 如有同一土地类别下享受多条减免税政策的情况,请使用预留的空白行填写。

附录 1

实验教学项目卡

学　　期：＿＿＿＿＿＿＿＿

课程名称：＿＿＿＿＿＿＿＿

实验教师：＿＿＿＿＿＿＿＿

实验教学项目卡

实验教学归属部门			实验室名称	
实验名称			实验课时数	
所属课程名称			实验人数	
授课专业（班级）			每组人数	
是否按教学大纲设置		实验类型	实验开设属性	
实验教材或指导书名称				
实验目的				
实验设备 及条件				
实验 主要内容				
实验基本步骤 和方法				
实验消耗 材料				
实验室人员及教师签名				
实验室负责人签名				

注：① 实验类型分为：验证性、综合性和设计性。② 实验开设属性分为：必开、选开和自由开放。

实验中学生常见问题的解答

1. 增值税专用发票的填写要求有哪些?

答:填写要求如下:

(1) 开票日期:使用中文小写;按照纳税义务发生时间。

(2) 书写格式要求:增值税发票开具应按照国家税务总局编写的《增值税发票开具指南》要求开具增值税发票。增值税专用发票应按下列要求开具:一是项目齐全,与实际交易相符;二是字迹清楚,不得压线、错格;三是发票联和抵扣联加盖发票专用章;四是按照增值税纳税义务的发生时间开具。不符合上列要求的增值税专用发票,购买方有权拒收。本实验采用手工开票时应用蓝色或黑色笔书写,字迹清楚、规范;小写金额要在金额前加注货值符号(人民币￥);大写金额分位上不为 0 的,其后不用加"整"字,其余一律在末尾位加"整"字;阿拉伯金额数字中间有"0"时,汉字大写金额要写"零"字;阿拉伯数字金额中间连续有几个"0"时,汉字大写金额中可以只写一个"零"字;阿拉伯金额数字元位是"0",或者数字中间连续有几个"0"、元位也是"0"但角位不是"0"时,汉字大写金额可以只写一个"零"字,也可以不写"零"字。

(3) 提供建筑服务,纳税人自行开具或者税务机关代开增值税发票时,应在发票的"备注"栏注明建筑服务发生地的县(市、区)名称及项目名称。

(4) 销售不动产,纳税人自行开具或者税务机关代开增值税发票时,应在发票"货物或应税劳务、服务名称"栏填写不动产名称及房屋产权证书号码(无房屋产权证书的可不填写),"单位"栏填写面积单位,"备注"栏注明不动产的详细地址。

(5) 纳税人提供货物运输服务,使用增值税专用发票和增值税普通发票,开具发票时应将起运地、到达地、车种车号和运输货物信息等内容填写在发票"备注"栏中,如内容较多可另附清单。

(6) 纳税人或者税务机关通过新系统中差额征税开票功能开具增值税发票时,录入含税销售额(或含税评估额)和扣除额,系统自动计算税额和不含税金额,"备注"栏自动打印"差额征税"字样,发票开具不应与其他应税行为混开。

2. 增值税纳税申报表的填制顺序是什么?

答:①月末发票认证。增值税专用发票的认证有两种方法:一是通过网上认证系统(软件),扫描进项发票,录入成功后,再上传国税局认证确定真伪(几秒钟时间);二是企业只要在国税局系统下载开票单位上传的发票,并对该发票进行勾选,打印进项清单。②抄报税。下月初第一个工作日打开开票的电脑,系统自动完成抄报税。③通过申报系统软件在网上完成填报增值税申报表并上传税务机关,根据增值税纳税申报表及其附列资料之间的关系,增值税纳税申报表及附列资料填写的一般顺序为:①申报销项税额情况:附列资料(一)、附列资料(三)(涉及扣除销售金额)。②申报进项税额情况:附列资料(二)、附列资料(五)。③申报涉及税额减免情况:附列资料(四)、《增值税减免税申报明细表》。④增值税纳税申报表。

3. "营改增"后,分次抵扣的购进不动产的进项税额如何填报?

答:《增值税纳税申报表附列资料(五)(不动产分期抵扣计算表)》(见表 1-6)由分期抵扣不动产进项税额的纳税人填写。例如,为新建厂房购入建材,取得税控增值税专用发票,价款为 100 000 元,税款为 16 000 元,该建筑材料已验收入库,货款未付。

"本期不动产进项税额增加额":16 000 元。

"本期可抵扣不动产进项税额":9 600 元。

"本期转入的待抵扣不动产进项税额":0。

"本期转出的待抵扣不动产进项税额":0。

"期末待抵扣不动产进项税额":6 400 元。

4. 跨县(市)提供建筑服务的《增值税预缴税款表》(见表 1-19)如何填报?

答:根据《纳税人跨县(市、区)提供建筑服务增值税征收管理暂行办法》(国家税务总局公告 2016 年第 17 号),纳税人跨县(市、区)提供建筑服务,按照以下规定预缴税款:

(1) 一般纳税人跨县(市、区)提供建筑服务,适用一般计税方法计税的,以取得的全部价款和价外费用扣除支付的分包款后的余额,按照 2% 的预征率计算应预缴税款。

(2) 一般纳税人跨县(市、区)提供建筑服务,选择适用简易计税方法计税的,以取得的全部价款和价外费用扣除支付的分包款后的余额,按照 3% 的征收率计算应预缴税款。

(3) 一般纳税人跨县(市、区)提供建筑服务预缴增值税的计算分为:

A. 适用一般计税方法计税的,应预缴税款＝(全部价款和价外费用－支付的分包款)÷(1+10%)×2%。

B. 适用简易计税方法计税的,应预缴税款＝(全部价款和价外费用－支付的分包款)÷(1+3%)×3%。

纳税人取得的全部价款和价外费用扣除支付的分包款后的余额为负数的,可结转下次预缴税款时继续扣除。

例如,8 月 31 日,承包外市(海丰县)H 公司 2 号仓库建筑工程,该工程的《建筑工程施工许可证》注明的合同开工日期在 2016 年 4 月 30 日前、地址为海丰县长新镇迎宫街 56 号的建筑工程项目。采用简易计税方式,本月取得的工程价款含税收入 2 000 000 元,其中,分包单位完成含税工程款 300 000 元,支付分包单位含税工程款 300 000 元,并取得增值税发票。购入并入库的建筑材料 1 000 000 元、增值税额 160 000 元,取得增值税专用发票。

按简易计税方法计税:应预缴的税款＝(2 000 000－300 000)÷(1+3%)×3%＝1 650 485.44×3%＝49 514.56(元)。

《增值税预缴税款表》的填报:第 1 列"销售额"填写纳税人跨县(市)提供建筑服务取得的全部价款和价外费用(含税)。第 2 列"扣除金额"填写跨县(市)提供建筑服务项目按照规定准予从全部价款和价外费用中扣除的金额(含税)。第 3 列"预征率"填写跨县(市)提供建筑服务项目对应的预征率或者征收率。第 4 列"预征税额"填写按照规定计算的应预缴税额。

5. 房地产开发企业的增值税有何政策性规定?

答:(1)房地产企业增值税计税方法区分小规模纳税人和一般纳税人。①小规模纳税人适用简易计税方法。②一般纳税人适用一般计税方法,其中,房地产老项目可以选择按简易计税方法。房地产企业适用简易计税方法的,按照 5% 的征收率计征增值税,进项税不予抵扣。

（2）一般纳税人采取预收款方式销售自行开发的房地产项目,无论是一般计税项目还是简易计税项目,均应在收到预收款时按照 3% 的预征率预缴增值税,并填报《增值税预缴税款表》。房地产企业预缴的增值税抵减当期应纳增值税,未抵减完的预缴税款可以结转下期继续抵减。应预缴税款＝预收款÷（1＋适用税率或征收率）×3%。适用一般计税方法计税的,按照 10% 的适用税率计算;适用简易计税方法计税的,按照 5% 的征收率计算。

（3）房地产企业的开发项目所在地通常与机构所在地一致,跨县（县级市、区）开发的,在项目所在地预缴增值税,回机构所在地办理纳税申报。

（4）简易计税方法:房地产企业的老项目选择简易计税方法的,应于开发产品交付给业主的当天开具增值税发票,并按下列公式计算增值税:

$$各期销售开发产品应缴增值税 = 全部价款和价外费用 ÷ (1+5\%) × 5\%$$

（5）一般计税项目。

A. 销项税额:房地产企业销售开发产品增值税纳税义务发生时间为开发产品交付给业主的当天,增值税发票应于纳税义务发生时间的当月开具。房地产企业的一般计税项目按照取得的全部价款和价外费用,扣除当期销售房地产项目对应的土地价款后的余额计算销售额。销售额的计算公式如下:

$$销售额 = (全部价款和价外费用 - 当期允许扣除的土地价款) ÷ (1+10\%)$$

根据《国家税务总局关于土地价款扣除时间等增值税征管问题的公告》（国家税务总局公告 2016 年第 86 号）规定:"一、房地产开发企业向政府部门支付的土地价款,以及向其他单位或个人支付的拆迁补偿费用"（以下统称"土地价款"）。当期允许扣除的土地价款的计算公式如下:

$$\begin{array}{c}当期允许扣除\\的土地价款\end{array} = \left(\begin{array}{c}当期销售房地产\\项目建筑面积\end{array} ÷ \begin{array}{c}房地产项目可供\\销售建筑面积\end{array}\right) × \begin{array}{c}支付的\\土地价款\end{array}$$

B. 进项税额:房地产企业外购项目支付的进项税额,凭扣税凭证抵扣销项税额。允许抵扣的外购项目主要有:建筑服务、设计服务、材料采购、广告服务、房屋中介费、物业管理费、水电费、电信费、不动产租赁费、办公用品、审计费、咨询费、会务费、住宿费等。购进的旅客运输服务、贷款服务及与贷款相关的融资利息、餐饮服务、居民日常服务和娱乐服务,取得的进项税额不得扣除。

6. 房地产企业预缴增值税和建筑企业预缴增值税抵减税额是否可以同期进行?

答:房地产企业预缴增值税主要是时间上平衡。建筑企业则不同,建筑企业提供建筑服务跨县市的预缴增值税主要是空间上平衡,抵减税额可以同期进行。

7. 消费税《抵扣税款台账（委托加工收回、进口从价定率征收的应税消费品）》（见表 2-7）如何填报?

答:按实验项目 2-1 中表 2-7 后的填报说明进行填报。

8. 企业预缴所得税（A 类）如何进行纳税调整?

答:在企业实际利润总额的基础上主要作纳税调减,不作纳税调增处理。一是为了减少平时纳税调整的工作量,按月或季是预缴所得税,年度终了后汇算清缴。二是涉及优惠政策的

（如加速折旧和税基减免），应纳税所得额作调减（如免税收入、减计收入等）。涉及调增的不作调增处理，如平时计提的减值准备不调增。

9. 企业所得税《固定资产加速折旧（扣除）优惠明细表》（见表3-4）如何填报？

答：本表适用于按照《财政部　国家税务总局关于完善固定资产加速折旧税收政策有关问题的通知》（财税〔2014〕75号）《财政部　国家税务总局关于进一步完善固定资产加速折旧企业所得税政策的通知》（财税〔2015〕106号）等规定，享受固定资产加速折旧和一次性扣除优惠政策的（2014年1月1日或2015年1月1日后新购进的包括购进已使用的固定资产）查账征税的纳税人填报。2014年前规定享受固定资产加速折旧政策，不填报本表。本表的任务：一是为计算调减因加速折旧而调减的应纳税所得额，税法加速折旧、会计未加速折旧的固定资产，预缴环节对折旧作单向纳税调减。二是为税务机关作统计用。对于税法、会计都加速折旧的，对纳税人享受加速折旧优惠情况进行统计。税法所指的加速折旧包括缩短折旧年限和加速折旧方法。填报要求如下：

（1）当一项固定资产，年度内（月）季度申报时税法折旧大于会计折旧，需要填报原值以及税法折旧、会计折旧、纳税调整的本期数和累计数；但以后当月（季度）申报时税法折旧等于小于会计折旧时，不需要填报"本期"数，只保留原值和累计数。但如果按季申报，对于季度中间月份税法折旧额小于会计折旧额。例如，4月份税法折旧大于会计折旧，5月开始税法折旧小于会计折旧额，其第2季度申报时，本期数只填写4月份的数额，累计数填写到4月份数额。在第3、第4季度申报时，该固定资产的当期折旧情况不再填写，但累计折旧和原值相关栏次保留第2季度申报的累计数，下一年开始不再填报该固定资产情况。

（2）对享受一次性扣除政策的固定资产，扣除所属期预缴申报时，会计折旧（或正常折旧额）按首月折旧额填报，不按"0"填报会计折旧额。由于一次性扣除时间是取得固定资产的当月，但折旧是次月计提，按月申报预缴所得税时，会计尚未折旧，会出现会计折旧填报"0"，但要求不按"0"填报，所以按首月折旧额填报。

（3）对会计和税法均采取加速折旧，但其税会折旧金额不一致的资产，在"税会处理不一致"行填报。例如，某生物药品制造企业2018年4月购入一机器设备，原值为660万元，税法最低折旧年限为10年，会计上采取直线法折旧，税法上采取年数总和法。会计处理则为次月计提折旧：5月会计折旧额为5.5万元（660÷10÷12），6月份会计折旧额为5.5万元。第2季度合计会计折旧额为11万元。

（4）税法也是次月计提折旧：5月加速折旧额为10万元（660×10÷55÷12），6月加速折旧额为10万元。第2季度合计加速折旧额为20万元。税收折旧额大于会计折旧额，需要纳税调减9万元。会计不加速折旧，税法加速折旧，属于会税不一致。需要填报"会计折旧""税收加速折旧""纳税调整"三个项目。

10.《捐赠支出及纳税调整明细表》（见表3-21）如何填报？

答：本表适用于发生捐赠支出纳税调整项目的纳税人填报。本表填报捐赠支出会计处理、税法规定，以及纳税调整情况：

（1）税法规定予以全额税前扣除的公益性捐赠不在本表填报。

（2）不符合税前扣除规定的公益性捐赠不在本表填报，如直接向贫困山区某小学公益性捐赠。

（3）本表分符合扣除规定公益性捐赠和非公益性捐赠两部分。

相关税收政策如下：

（1）除全额在税前扣除的外，公益性捐赠支出税前扣除不得超过按企业会计的利润总额的12%。

（2）符合公益性捐赠的条件。

以"限额扣除的公益性捐赠"为例，有关项目的填报说明如下：

（1）第1列"限额扣除的公益性捐赠——账载金额"：填报纳税人会计核算计入本年损益的公益性捐赠支出金额。

（2）第3列"限额扣除的公益性捐赠——按税收规定计算的扣除限额"：填报年度利润总额×12%的金额，若利润总额为负数，则以"0"填报。

（3）第4列"限额扣除的公益性捐赠——税收金额"：填报税法规定允许税前扣除的公益性捐赠支出金额根据本年实际发生的公益性捐赠支出和结转扣除以前年度公益性捐账支出的情况分析填报。

例如，某企业2018年全年利润总额为1 087 000元。①向本市红十字会以现金方式发生捐赠支出300 000元。②向本市民政局以自产产品方式发生捐赠支出812 000元，该自产产品的成本为608 000元，增值税额为204 000元，同类产品销售价格为1 200 000元。该企业2018年共计发生公益性支出1 112 000元。

第2列"限额扣除的公益性捐赠——账载金额"填报1 112 000元。

第3列"限额扣除的公益性捐赠——按税收规定计算的扣除限额"填报1 296 840元。

$$扣除限额＝10 807 000×12\%＝1 296 840（元）$$

第4列"限额扣除的公益性捐赠——税收金额"，填报税法规定允许税前扣除的公益性捐赠支出金额，不得超过当年利润总额的12%，按第1列、第2列与第3列孰小值填报。本例中扣除限额大于账载金额，按孰小值填报，所以税收金额为111 200元。

第5列"限额扣除的公益性捐赠——纳税调增金额"：填报本年公益性捐赠支出账载金额超过税收规定的税前扣除额的部分。

第6列"公益性捐赠——纳税调减额"：根据本年剩余扣除限额、本年扣除以前年度捐赠支出分析填报。

本例中"公益性捐赠——纳税调增额"和"公益性捐赠——纳税调减额"均为0。

若填报纳税人前2年发生的尚未税前扣除的公益性捐赠支出部分，还应填报第2列"以前年度结转可扣除的捐赠额"。

若填报纳税人发生的公益性捐赠支出包括本年的和前2年的尚未在本年度税前扣除的部分，应填报第7列"可结转以后年度扣除的捐赠额"。

11. 企业所得税本期应纳税额如何计算？

答：企业所得税实行分月或季度预缴所得税，年度汇算清缴。年度应纳所得税额的计算是在企业利润总额的基础上经过纳税调整等计算出应纳税所得额，并按适用的税率计算企业应纳税额。按照企业所得税年度纳税申报表的编制要求，具体计算步骤如下：

（1）纳税调整后所得＝利润总额－境外所得＋纳税调整增加额－纳税调整减少额－免税、减计收入及加计扣除＋境外所得抵减境内亏损。

（2）应纳税所得额＝纳税调整后所得－所得减免－抵扣应纳税所得－弥补以前年度

亏损。

以上计算调整的是所得的调增调减及所得的减免和抵扣等。

（3）应纳所得税额＝应纳税所得额×税率（25％）。

以上计算的应纳所得税额尚未减去享受税额的减免的抵免情形。

（4）应纳税额＝应纳所得税额－减免所得税额－抵免所得税额。

以上计算的应纳税额仅仅是境内部分的应纳税额。

（5）实际应纳所得税额＝应纳税额＋境外所得应纳所得税额－境外所得抵免所得税额。

以上计算的税额是纳税人境内境外所得实际应纳税额。

12. 土地增值税如何清算填报？

答：计算并确认本次清算项目取得的收入和可扣除项目金额（按纳税申报表要求分项列示）。

在一般情况下，一个房地产项目作为一个成本计算对象，而没有将不同类型的房产开发产品作为成本计算对象。但有关土地增值税清算法规要求：对一个清算单位中的不同类型房地产开发产品应分别计算增值额的，对其共同发生的扣除项目，按照建筑面积法进行分摊。若不同类型房地产开发产品中有排屋、别墅类型的，对清算单位取得土地使用权所支付的金额，可按照占地面积法进行分摊。

13. 房产税如何计算及填报？

答：（1）房产税的计算，分从价计征和从租计征两种。

A. 从价计征：应纳自用房屋房产税税额（月）＝自用应税房产原值×（1－30％）×1.2％÷12。若按季申报缴纳的，应纳自用房屋房产税税额（季）＝自用应税房产原值×（1－30％）×1.2％÷12×3。

B. 从租计征：应纳出租房屋房产税税额（月）＝月出租应税房屋租金收入×12％。若按季申报缴纳的，应纳出租房屋房产税税额（季）＝本季度出租应税房屋租金收入×12％。

注意：从租计征计算公式中的"月出租应税房屋租金收入"为不含增值税的租金收入。

（2）申报表的编制。申报表包括3张附表。

A.《房产税税源明细表》。其可分为《从价计征房产税税源明细表》《从租计征房产税税源明细表》。

编制原则：首次进行纳税申报的纳税人，需要申报其全部房产的相关信息，此后办理纳税申报时，如果纳税人的房产及减免税等相关信息未发生变化的，可仅对上次申报信息进行确认；发生变化的，仅就变化的内容进行填写。

编报要求：每一独立房产应当填写一张表。即：同一产权证有多幢（个）房产的，每幢（个）房产填写一张表。无产权证的房产，每幢（个）房产填写一张表。纳税人不得将多幢房产合并成一条记录填写。

编报方法：按填报说明。

B.《房产税减免税明细申报表》。免纳房产税的房产见相关理论性教材。涉及本实验的是房屋大修理停用半年以上的，经申请，税务机关审核，在大修理停用期间可免征房产税。

C.《房产税纳税申报表》。在实际工作中，本表由系统根据当期有效的房产税源明细信息自动生成，纳税人签章确认即可完成申报。本实验为增强操作能力，按房产项目逐项填报计算，按填报说明填报。

实验评分标准

"税务会计模拟实验"课程实验成绩分为优秀、良好、中等、及格、不及格。各等级评分标准如下。

1. 优秀(A)

(1) 会计凭证的填制符合有关财经、会计等法规的要求,无涂改现象,凭证装订规范。

(2) 账簿设置符合要求,账簿记录符合规范,账面整洁。

(3) 申报表编制符合规范。

(4) 验收答疑,回答问题准确。

(5) 实验结论正确。

(6) 实验报告格式规范,实验目的明确,实验原理与步骤正确,实验内容数据记录全面,实验体会能体现出专业特征。

(7) 无迟到、早退和缺勤现象。

2. 良好(B)

(1) 会计凭证的填制符合有关财经、会计等法规的要求,无涂改现象,凭证装订规范。

(2) 账簿设置符合要求,账簿记录基本符合规范,账面比较整洁。

(3) 申报表编制符合规范。

(4) 验收答疑,回答问题准确。

(5) 实验结论正确。

(6) 实验报告格式规范,实验目的明确,实验原理与步骤正确,实验内容数据记录全面,有一定的实验体会。

(7) 无迟到、早退和缺勤现象。

3. 中等(C)

(1) 会计凭证的填制符合有关财经、会计等法规的要求,基本无涂改现象,凭证装订规范。

(2) 账簿设置基本符合要求,账簿记录基本符合规范,账面比较整洁。

(3) 申报编制基本符合规范。

(4) 验收答疑,回答问题无明显错误。

(5) 实验结论基本正确。

(6) 实验报告基本格式规范,实验目的明确,实验原理与步骤正确,实验内容数据记录较全面,有一定的实验体会。

(7) 迟到、早退现象累计不超过 1 次,但无缺勤现象。

4. 及格(D)

(1) 会计凭证的填制基本符合有关财经、会计等法规的要求,基本无涂改现象,凭证装订较规范。

（2）账簿设置基本符合要求，账簿记录基本符合要求，账面尚整洁。

（3）申报表编制方法基本正确。

（4）验收答疑，回答问题基本正确。

（5）实验结论基本正确。

（6）实验报告基本格式规范，实验目的明确，实验原理与步骤正确，实验内容数据记录较全面，有一定的实验体会。

（7）有迟到、早退和缺勤现象，累计不超过2次。

5. 不及格(E)

（1）会计凭证的填制不符合有关财经、会计等法规的要求，涂改现象严重，凭证装订不规范。

（2）账簿设置不符合要求，账簿记录不符合规范，账面不整洁。

（3）申报编制不符合规范。

（4）验收答疑，回答问题不准确。

（5）实验结论错误。

（6）实验报告基本格式不规范，实验目的不明确，实验原理与步骤不正确，实验内容数据记录不全，体会不符合专业特征。

（7）有迟到、早退和缺勤现象，累计超过2次。

实验结果验收记录表

班级：   学期：

序号	学号	姓名	会计资料完整性	会计资料整洁度	实验结果准确性	实验报告规范性	答疑	备注

实验老师签名：

实验过程控制记录表

班级：　　　　　　　　　　　　　　　　　　　　　　学期：

序号	学号	姓名	迟到	早退	缺勤	独立完成程度	进度检查	备注

实验老师签名：

实验报告格式及写作要求

一、实验报告的格式

实验报告的参考格式如下：

"税务会计模拟实验"课程实验报告
学年　　　学期

实验项目名称：

班级：　　　　　姓名：　　　　　学号：　　　　　成绩：

一、实验目的
二、实验原理和步骤
三、实验内容及数据记录

（续上）

四、实验结果

五、体会

二、实验报告的写作要求

学生应按照每个实验项目撰写一份实验报告,在实验报告中,应填明课程名称、实验项目名称、班级、姓名、学号。

(一)实验项目 1

1. 实验目的

按实验项目 1 中的增值税会计实验的实验目的。

2. 实验原理和实验步骤

(1)实验原理:根据增值税业务计算进项税额、销项税额和应纳税额,开具增值税发票,编制增值税纳税申报表。

(2)实验步骤:①根据增值税业务计算进项税额、销项税额和应纳税额。②根据业务开具增值税发票。③编制增值税纳税申报表。④根据业务编制记账凭证。⑤登记"应交税费——应交增值税"明细账。

3. 实验内容和实验数据记录

(1)实验内容:实验项目 1-1 为生产企业增值税会计实验;实验项目 1-2 为建筑企业增值税会计实验;实验项目 1-3 为房地产开发企业增值税会计实验。

(2)实验数据记录:

实验项目 1-1　生产企业增值税会计实验:嘉兴市迷你食品加工股份有限公司为增值税一般纳税人,增值税税率为 16%。根据该公司 2018 年 5 月份发生的有关销售、提供劳务业务开具增值税专用发票;根据 5 月份发生的有关增值税业务编制记账凭证,登记有关增值税明细账;编制增值税纳税申报表等申报事项;月末结转未缴增值税。该公司 5 月份共发生涉及增值税的 17 笔经济业务。

实验项目 1-2　建筑企业增值税会计实验:浙江杭峰建筑有限公司为增值税一般纳税人,增值税税率为 10%、简易计税征收率为 3%。根据该公司 2018 年 9 月份发生的有关建筑服务开具增值税专用发票;根据 9 月份发生的有关增值税业务包括跨县市承包工程、分包工程编制增值税预缴申报和缴纳、增值税月度申报及会计处理。该公司 9 月份共发生涉及增值税的 12 笔经济业务。

实验项目 1-3　房地产开发企业增值税会计实验:嘉林房地产开发有限责任公司为一般纳税人,开发"中山花园"房地产开发项目,《建筑工程施工许可证》注明的开工日期为 2017 年 6 月 18 日。根据该公司 2018 年 7 月份和 8 月份发生的有关业务,填报税款所属期为 7 月份的增值税预缴税款表,计算 8 月份允许抵扣的土地价款,并编制相关会计分录;计算 8 月份应纳增值税额,并填报税额所属期为 8 月份的增值税申报表。该公司 8 月份共发生涉及增值税的 5 笔经济业务。

4. 实验结果

(1)生产企业增值税会计实验有关结论。

(2)建筑企业增值税会计实验有关结论。

(3)房地产企业增值税会计实验有关结论。

列举重要业务的会计分录 2~3 笔,编制了哪几张增值税纳税申报表及附表,计算本月销项税额、本月可抵扣的进项税额、简易计税应纳税额、应纳税额合计数。

5. 实验体会

体会要真实,反映实验遇到的问题及解决方法。通过本项目的实验,学生应掌握企业增值税会计技能的程度。

(二)实验项目2

1. 实验目的

按实验项目2中化妆品生产企业、酒类生产企业消费税会计实验等实验目的。

2. 实验原理和实验步骤

(1)实验原理:根据消费税业务计算应纳税额并编制消费税纳税申报表。

(2)实验步骤:①根据相关业务计算消费税应纳税额。②编制消费税纳税申报表。③根据相关业务编制记账凭证。

3. 实验内容及实验数据记录

(1)实验内容:参照实验项目1的列示方法,列出本实验项目子项目的名称。

(2)实验数据记录:说明实验数据来源,并说明如何根据相关业务计算消费税应纳税额,填制消费税纳税申报表的数据,以及如何根据相关业务编制记账凭证。

4. 实验结论

(1)化妆品生产企业消费税会计实验有关结论。

(2)酒类生产企业消费税会计实验有关结论。

列举重要业务的会计分录2~3笔,编制了哪几张消费税申报表及附表,计算本月应纳消费税额、计算并结转本月可抵扣的消费税税额。

5. 实验体会

体会要真实,反映实验遇到的问题及解决方法。通过本项目的实验,学生应掌握消费税会计处理等技能的程度。

(三)实验项目3

1. 实验目的

按实验项目3中的实验目的。

2. 实验原理和实验步骤

(1)实验原理:根据所得税业务计算应纳税额,编制预缴企业所得税纳税申报表和年度纳税申报表。

(2)实验步骤:①根据所得税业务进行纳税调整、计算应纳税额。②编制预缴企业所得税纳税申报表和年度纳税申报表。③根据相关业务编制记账凭证。

3. 实验内容及实验数据记录

(1)实验内容:参照实验项目1的列示方法,列出本实验项目子项目的名称。

(2)实验数据记录:列示如何计算和编制预缴所得税额和预缴所得税纳税申报表及附表,如何计算出纳税调增调减额、免税、减计、加计扣除税额、实际应纳所得税额、本年应补所得税额等,以及编制年度企业所得税申报表及附表的过程。

4. 实验结果

(1)预缴企业所得税实验结论:列举重要的纳税调整业务2~3笔,编制了哪几张预缴所得税申报表及附表,计算预缴所得税额。

(2)年度企业所得税会计实验结论:列举重要的纳税调整业务2~3笔,编制了哪张年度企业所得税申报表及附表,计算年度利润总额、纳税调增调减额、免税、减计、加计扣除税额、境外所得、应纳税额、境外所得抵免所得税额、实际应纳所得税额、本年应补所得税额等。

5. 实验体会

体会要真实,反映实验遇到的问题及解决方法。通过本项目的实验,学生应掌握所得税会计相关业务处理等技能的程度。

（四）实验项目 4

1. 实验目的

按实验项目 4 中的实验目的。

2. 实验原理和实验步骤

（1）实验原理:根据其他税业务计算各项应纳税额并编制相应税的纳税申报表。

（2）实验步骤:①根据相关业务计算应纳税额。②编制相关纳税申报表。③根据相关业务编制记账凭证。

3. 实验内容及实验数据记录

（1）实验内容:参照实验项目 1 的列示方法,列出本实验项目子项目的名称。

（2）实验数据记录:列示如何计算得到各项税的应纳税额,如何一步步填制相关纳税申报表。

4. 实验结果

（1）土地增值税会计实验的有关结论。

（2）城市维护建设税、教育费附加、房产税、城镇土地使用税、印花税和耕地占用税会计实验的有关结论。列举其他税会计实验子项目,编制了哪些张申报表,计算各种税的应纳税额。

5. 实验体会

体会要真实,反映实验遇到的问题及解决方法。通过本项目的实验,学生应掌握土地增值税、城市维护建设税、教育费附加、房产税、城镇土地使用税、印花税和耕地占用税等会计相关业务处理等技能的程度。

实验思考题

1. 增值税专用发票的填写要求有哪些?

2. "营改增"后,增值税专用发票"备注"栏的填写要求?

3. 增值税纳税申报表主表中本期应纳税额是如何计算得来的?

4. 按一般计税办法计算的本期应纳税额若为负数,是否可以抵扣本期按简易办法计算的应纳税额?

5. 增值税纳税申报表的填报顺序是怎样的?

6. 《营改增税负分析测算明细表》的目的是什么? 如何填报?

7. 消费税《抵扣税款台账(委托加工收回、进口从价定率征收的应税消费品)》如何填报?

8. 什么是小型微利企业? 小型微利企业享受哪些所得税优惠政策?

9. 固定资产加速折旧在企业所得税申报时如何填报?

10. 年度汇算清缴时,企业所得税申报表(A 类)的填报顺序如何?

11. 企业将自产货物用于公益性捐赠,在企业所得税填报时如何进行纳税调整?

12. 本期应纳印花税税额＝计税依据(合同金额)×适用印花税税率。其计税依据是否包含增值税?